RENGONG ZHINENG FAZHAN, LAODONG FENLEI YU JIEGOUXING SHIYE YANJIU

人工智能发展、劳动分类与结构性失业研究

陈明生 著

首都经济贸易大学出版社
Capital University of Economics and Business Press
·北 京·

图书在版编目（CIP）数据

人工智能发展、劳动分类与结构性失业研究/陈明生著．
--北京：首都经济贸易大学出版社，2021.12
ISBN 978-7-5638-3284-2

Ⅰ．①人…　Ⅱ．①陈…　Ⅲ．①人工智能—影响—就业—研究—中国　Ⅳ．①D669.2②TP18

中国版本图书馆 CIP 数据核字（2021）第 204193 号

人工智能发展、劳动分类与结构性失业研究
陈明生　著

责任编辑　彭伽佳
封面设计　风得信·阿东 FondesyDesign
出版发行　首都经济贸易大学出版社
地　　址　北京市朝阳区红庙（邮编 100026）
电　　话　(010)65976483　65065761　65071505(传真)
网　　址　http://www.sjmcb.com
E-mail　publish@cueb.edu.cn
经　　销　全国新华书店
照　　排　北京砚祥志远激光照排技术有限公司
印　　刷　北京建宏印刷有限公司
成品尺寸　170 毫米×240 毫米　1/16
字　　数　128 千字
印　　张　12.5
版　　次　2021 年 12 月第 1 版　2021 年 12 月第 1 次印刷
书　　号　ISBN 978-7-5638-3284-2
定　　价　45.00 元

图书印装若有质量问题，本社负责调换

本专著是教育部人文社会科学研究规划基金项目《人工智能发展、劳动替代与分配制度的变化研究》(项目号:21YJA790004)的阶段性成果。

本专著受中国政法大学课程思政建设示范课“政治经济学”项目资助出版。

自序
PREFACE

现代社会最典型的特点之一是快速的变化，生产方式、生活方式、社会结构、社会面貌、思想观念等的变化让人目不暇接。然而，让人不适应、震惊，抑或是激动的变化过程也许才刚刚开始，或者即将开始。造成这个变化的最重要的原因是人工智能技术的发展和应用。以前的每一次技术进步都推动了生产工具替代人的身体(体力)的功能，但生产过程完全在人的掌控之下；人工智能的发展第一次让生产工具有了自己的大脑(也许还不太完善)，人工智能能够在一定程度上替代人的大脑的功能。当然，社会变化的进程和程度取决于人工智能发展的程度。虽然我们难以准确预测人工智能将在什么时间达到怎样的发展程度，但预测人工智能发展的趋势和最终结果并不困难：基于时间的无限性，人类应该最终能够创造出与人一样的"生物性"的"人"，但人应该不会"作死"走到那一步；人工智能发展的最终趋势是创造出在某一领域具有与人一样功能的非"生物性"的技术系统，这个技术系统在多大范围内具有跟人一样的功能，人类会根据自己的需要谨慎地予以确定或扩大。

以人工智能为核心的技术系统持续不断地替代人的体力和脑力，首先改变的将是劳动的方式和生产的方式。随着自动化和无人化在生产领域的不断推进，产品将不再总是劳动产品，此时，如果交换关系还存在的话，那交换的基础将发生变化，资源配置方式也将会发生变化。伴随生产自动化和无人化的快速推进，劳动供求关系失衡、大规模失业将不可避免。随着技术的快速进步，社会财富将以更快的速度被生产出来，但当劳动需求快速下降、大规模失业出现时，如何分配社会财富又将成为社会的重大挑战。如果依靠再分配手段将社会财富分配到个人手里，政府又将通过何种方式获得收入？税收体系可能需要进行根本性的变革。而当财政体系的变革难以实现这种收入调节目标时，所有制的变革可能提上日程。当自动化发展到让多数人失业，这些人又通过再分配的方式不劳而获时，这将使人们的思想观念发生颠覆性的变化……

人工智能在给人类带来奇迹的同时，带来的震撼和挑战也是全方位的！中短期最大的挑战莫过于人工智能的发展对于就业和分配的影响。本书是探索人工智能发展对于就业的影响的一次尝试。人类为了保护自己的独特性，为了守护人类的尊严，更为了免遭灭亡的命运，必定会为人工智能的发展设定界限。因此，创造性和精神性必然成为人类智能和人工智能的本质区别，这是本书立论的基础。在此大前提之下，本书对于人工智能不具有创造性和精神性的原因进行了阐述。本书的关键内容是对创造性劳动和精神性劳动的内涵进行界定。

对于创新，学者们已有很多研究，但本书从人工智能发展影响就业的视角研究创新具有一定的独特性：一是强调管理创新的重要性，并将其界定为管理人员的职责；二是把劳动过程中处理不确定性时突破常规的行为界定为其他创新。在此基础上，本书对创造性劳动的内涵进行了界定和分类。提出和界定精神性劳动是本书最大的创新，对于研究人工智能发展对就业的影响具有重大意义。基于精神性劳动的工作岗位和职业，是人工智能发展到一定程度后人们就业的主要领域。本书将精神性劳动定义为：以知识或审美的构思、表达或情感、精神的投入及交流等作为劳动的重要内容，能够满足人们情感或精神需要的劳动。精神性劳动又可以划分为情感性劳动和精神性劳动（狭义）。情感性劳动又可划分为人际协调型情感性劳动和情感沟通型情感性劳动；精神性劳动（狭义）又可划分为认知和塑造型精神性劳动与审美型精神性劳动。创造性劳动和精神性劳动难以被人工智能替代，而大多数重复性劳动和程序性劳动将被人工智能替代，这将对就业结构产生重大影响。根据创造性劳动和精神性劳动的内涵与分类，通过详细研究《中华人民共和国职业分类大典（2015 年版）》对于职业的描述，本书对于每一个职业的重复性劳动（或程序性劳动）、创造性劳动或精神性劳动的属性进行了界定，并在此基础上最终阐释了人工智能发展背景下结构性失业的产生及相关对策。

人工智能在发展过程中对于劳动的替代、劳动力的流动以及产业和就业结构的变化，应该由市场来决定，但这并不意味着不需要政府发挥作用。鉴于劳动者技能培养的长期性以及就业对社会稳定极为重要的作用,政府需要预测人工智能发展及应用的趋势,在人才培养体系和再分配制度的调整方面做出及时反应,并果断采取行动。尤其是分配制度的调整,可能需要政府发挥主导作用,大量通过自动化生产方式生产出的产品如何分配给大多数已经不再参加工作的社会成员,市场应该是无能为力的。一个更加关键的问题是:当自动化成为物质生产领域的"正常生产条件"时,市场还是资源配置的主要方式吗?如果不是,那将通过什么方式来配置资源?无论答案是什么,政府都需要在资源配置和分配过程中发挥更大的作用。

作者对于人工智能的发展、应用和影响问题的研究已有几年的时间:最初关注人工智能的微观应用问题,对于无人经济的内涵、分类、发展机制、应用模式等做了一些探索;后来研究兴趣转移到宏观层面,重点关注人工智能发展对于就业的影响,本书正是作者近两年研究的总结。未来作者将把研究重点转向人工智能发展背景下的分配问题的研究。随着人工智能的发展导致劳动被大量替代,社会保障制度的完善将成为维持经济正常运转和社会稳定的关键。当人工智能的发展和应用根本上改变了劳动方式、生产方式、资源配置方式、就业结构、经济制度乃至所有制结构时,全民基本收入计划也许将成为分配制度变革的答案,而这也许是"按需分配"的前奏。

本书撰写过程中,我的博士研究生郑玉璐同学帮助我收集了一些资料,撰写了第一章的部分内容,并对全书文稿的整理和修改做了很多工作,在此致以谢意!

目　录
CONTENTS

第一章　人工智能的发展与失业问题 ………………………… 1
　第一节　我国人工智能技术的发展及其意义 ………………… 1
　第二节　人工智能的发展与结构性失业 …………………… 18

第二章　人工智能和就业关系研究的理论框架 ……………… 30
　第一节　生产组织方式的内涵及影响因素 ………………… 30
　第二节　生产组织方式的发展 …………………………… 42

第三章　人工智能的本质特征和发展趋势 ………………… 52
　第一节　人工智能与人类智能的区别 ……………………… 52
　第二节　人工智能的发展趋势 …………………………… 65

第四章　消费需求的种类、满足过程及发展趋势 …………… 72
　第一节　消费需求的分类及满足过程 ……………………… 72

第二节 消费需求满足的发展趋势 …… 82

第五章 人工智能发展、创造性劳动与就业结构的变化 …… 89
第一节 劳动的分类及各类型劳动的可替代性 …… 89
第二节 创造性劳动及其不可替代性 …… 98
第三节 人工智能发展背景下基于创造性劳动的就业结构的变化 …… 106

第六章 人工智能发展、精神性劳动与就业结构的变化 …… 122
第一节 精神性劳动及其不可替代性 …… 122
第二节 人工智能发展背景下基于精神性劳动的就业结构的变化 …… 133

第七章 人工智能发展背景下结构性失业的产生和对策 …… 141
第一节 人工智能发展背景下结构性失业的产生 …… 141
第二节 人工智能发展背景下应对结构性失业的产业结构调整对策 …… 150
第三节 人工智能发展背景下教育培训体系调整的对策 …… 161
第四节 人工智能发展背景下应对结构性失业的其他对策 …… 169

参考文献 …… 175

第一章　人工智能的发展与失业问题

第一节　我国人工智能技术的发展及其意义

一、我国人工智能技术的发展

（一）人工智能技术的出现和发展

“人工智能”（Artificial Intelligence，缩写为 AI）的概念于 1956 年召开的达特茅斯会议上被首次提出。Schalkoff（1990）认为，人工智能是研究如何使计算机去做过去只有人类才能完成的智能的工作。今天，人工智能已被接受为一门研究、开发用于模拟、延伸和扩展人的智能的理论、方法、技术及应用系统的新的技术科学。[①]

人工智能的发展大致可分为四个阶段：萌芽阶段、形成阶段、发展阶段和繁荣阶段。

---

① 百度百科 . https：//baike. baidu. com/item/% E4% BA% BA% E5% B7% A5% E6% 99% BA% E8% 83% BD/9180？ fr = aladdinl.

1. 萌芽阶段（20 世纪 50 年代以前）

20 世纪 50 年代以前被称为人工智能的萌芽阶段。伴随着数理逻辑、自动机理论、控制论、概率论、计算机等科学理论的出现和完善，人工智能的相关研究具备了一定的理论基础。20 世纪 40 年代，人类研究发明了第一台可以储备程序的计算机，从此完全改变了人类存储和处理信息的方式，这对于人工智能理论的发展具有推动作用。20 世纪 50 年代，人们将人类智力与计算机联系起来并运用到生产中。1950 年，马文·明斯基（Marvin Minsky）与他的学生合作，建造了世界上第一台神经网络计算机，这也被看作是人工智能的起点。同一年，被称为“计算机之父”的艾伦·麦席森·图灵（Alan Mathison Turing）提出著名的图灵测试：如果一台机器能够与人类展开对话但辨别不出其机器身份，则称这台机器具有智能。

2. 形成阶段（20 世纪 50—80 年代）

20 世纪 50—80 年代被称为人工智能的形成阶段。1956 年 8 月，约翰·麦卡锡（John McCarthy）、马文·明斯基等众多学者聚集在达特茅斯学院并召开会议，正式提出“人工智能”概念，1956 年也被称为“人工智能元年”（集智俱乐部，2015）。这次会议不仅明确了今后人工智能的发展方向（使机器能够完成人类的某些功能，与人类智慧更加贴近），而且首次将“人工智能”作为一门学科正式提出来，开启了人工智能的新时代。这一阶段，人工智能技术的发展取得了重要成果（见表 1－1），为以后人工智能的发展开拓了方向，使人们看到了人工智能技术发展更多的可能性。

表1-1　人工智能技术的发展

年份	成果	人工智能发展事例
1959	首台工业机器人诞生	美国发明家乔治·德沃尔（George Devol）与约瑟夫·恩格尔伯格（Joseph F. Engelberger）发明了首台工业机器人，该机器人能够借助计算机读取示教存储程序和信息，可以发出指令控制一台多自由度的机械
1964	首台聊天机器人诞生	美国麻省理工学院AI实验室的约瑟夫·维森鲍姆（Joseph Weizenbaum）教授开发了ELIZA聊天机器人，实现了计算机与人通过文本进行交流
1965	专家系统首次亮相	美国科学家爱德华·费根鲍姆（Edward Albert Feigenbaum）等研制出化学分析专家系统程序DENDRAL，它能够分析实验数据、判断未知化合物的分子结构
1968	首台人工智能机器人诞生	美国斯坦福研究所（SRI）研发了机器人Shakey，这种机器人拥有类似人的感觉，如触觉、听觉等，能够自主感知、分析环境、规划行为并执行任务，可以根据人的指令发现并抓取积木
1970	能够分析语义、理解语言的系统诞生	美国斯坦福大学计算机教授维诺格拉德（Winograd）开发的人机对话系统SHRDLU能分析指令，比如理解语义，解释不明确的句子，并通过虚拟方块操作来完成任务
1976	专家系统广泛使用	美国斯坦福大学肖特里夫等人发布的医疗咨询系统MYCIN，可用于诊断传染性血液病患。这一时期还陆续研制出了用于生产制造、财务会计和金融等各个领域的专家系统
1980	专家系统商业化	美国卡耐基·梅隆大学为DEC公司制造出XCON专家系统，帮助DEC公司每年节约4 000万美元的费用，特别是在决策方面能提供有价值的内容

3. 发展阶段（20世纪80年代—21世纪初）

随着人工智能知识系统的逐步完善，对人工智能的研究不再局限于原有的理论探索，而是开始与不同的学科相结合，打开新的发展空间，如智能检索、自定义程序、模式识别等，从而进入与之前截然不同的新的发展时期。1981年，日本开始研发第五代计算机项目，目标是制造出能够与人对话、翻译语言、解释图像，并能像人一样推理的机器。随后，英、美等国也开始为AI和信息技术领域的研究提供大量资金。部分原来被认为仅仅能由人类完成的智力竞赛，如棋类比赛，人工智能已和人类选手的能力持平。1986年，多层神经网络和BP反向传播算法出现，自动识别的精确度得以提高。1988年，德国成立了世界上最大的非营利人工智能研究机构。随后，在1997年，IBM公司的电脑系统“深蓝”（Deep Blue）战胜了国际象棋世界冠军卡斯帕罗夫。这一阶段，人工智能技术的实际应用进程进一步加快，范围进一步拓宽。

4. 繁荣阶段（21世纪初至今）

随着科学技术的进步和经济全球化的加速发展，人工智能的发展步入了一个繁荣发展的阶段。信息化时代，数据挖掘手段不断推广，深度学习手段也不断得到研究，人工智能开始向创新技术和更多的学科领域延伸，同时向多方位多领域综合应用发展。2006年，杰弗里·辛顿（Geoffrey Hinton）提出基于深度信念网络可使用非监督学习的训练算法，使得深度学习在学术界持续升温。2011年，IBM Waston系统在美国电视智力竞赛节目“危险边缘”中打败了人类选手。2016 年，由谷歌 DeepMind 开发的人工智能围棋程序 AlphaGo 战胜了韩国围棋世界冠军李世石。

当前，人工智能已渗透到人类生活的方方面面，在人类的生产、生活、学习等方面发挥着十分重要的作用。从图 1－1 可以看出，截至 2018 年，全球共有 4 998 家人工智能企业。美国人工智能企业数量最多，达到 2 039 家，其次是中国 1 040 家，英国 392 家；除此之外，加拿大、印度、以色列、法国和德国均超过了 100 家。从图 1－2 可以看出，全球人工智能企业数量 TOP20 城市，美国有 9 个，中国有 4 个，加拿大有 3 个，英国、法国、德国和以色列各 1 个。① 其中，北京是全球人工智能企业数量最多的城市，有 412 家企业；其次是旧金山和伦敦，分别有 289 家和 275 家人工智能企业。上海、深圳和杭州的人工智能企业数量也进入了全球 Top20。这说明，我国为把握新一轮技术革命的机遇，积极鼓励发展人工智能。

（二）我国人工智能的发展

与国外相比，我国人工智能研究起步较晚，并且过程较为曲折艰辛，直到改革开放之后，我国人工智能发展才起步（蔡自兴，2016）。我国人工智能发展过程主要分为四个阶段：迷茫阶段、起步阶段、探索阶段、发展阶段。

---

① 旧金山、纽约、波士顿、帕罗奥图、山景城、森尼韦尔、圣何塞、奥斯汀、西雅图属于美国，北京、上海、深圳、杭州属于中国，多伦多、蒙特利尔、温哥华属于加拿大，伦敦属于英国，巴黎属于法国，柏林属于德国，特拉维夫属于以色列。

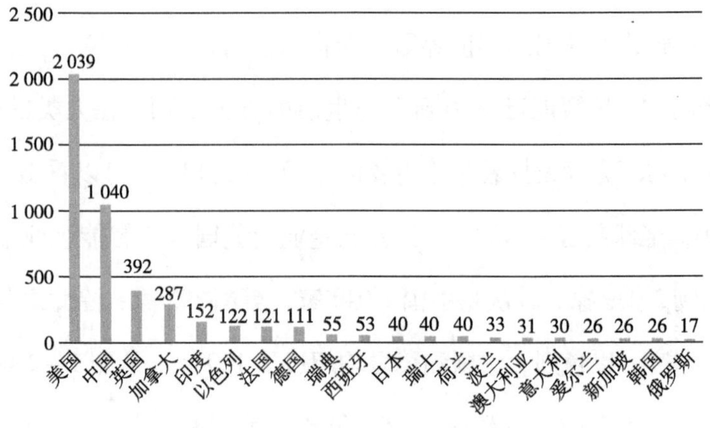

图 1－1　2018 年全球人工智能企业国家分布（家）

数据来源：中国信息通信研究院

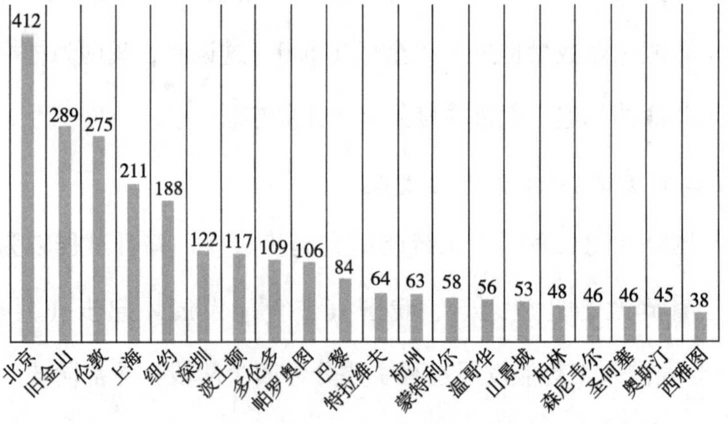

图 1－2　2018 年全球人工智能企业数量 TOP20 城市（家）

数据来源：中国信息通信研究院

1. 迷茫阶段（1978 年以前）

这一时期，人工智能技术在西方发达国家受到重视，但在苏联却受到批判，被斥为“资产阶级反动伪科学”。受到苏联批判人工智能和控制论的影响，20 世纪 50 年代，发达国家的人工智能开始兴起的时候，中国几乎没有进行人工智能的相关研究。20 世纪 60 年代后期到 70 年代，虽然苏联解禁了控制论和人工智能的研究，但因中苏关系恶化，中国学术界将苏联的这种解禁斥之为“修正主义”，人工智能的研究仍停滞不前。当时，人工智能或者受到质疑，或者与“特异功能”一起受到批判，被认为是伪科学和修正主义。要不要发展人工智能，当时的中国处于迷茫之中。

2. 起步阶段（1978—2000 年）

1978 年，我国人工智能的发展进入艰难的起步阶段，开始进行一些人工智能研究的基础性工作。1978 年 3 月，全国科学大会在北京召开，大会提出“向科学技术现代化进军”的战略决策，中国科技事业迎来了春天。广大科技人员开始了思想大解放，人工智能也在酝酿着进一步的解禁。在欧美发达国家，计算机技术、专家系统等已得到迅速发展，并取得了一定的经济效益。而在人工智能发展处于艰难起步阶段的中国，一方面，部分国内学者倡导要进行人工智能的相关研究，从而使我国人工智能研究的基础性工作得以开展；另一方面，我国派遣一部分学生赴西方发达国家学习先进的科学技术，其中就涉及人工智能领域的相关研究，这为我国人工智能的研究与发展提供了新鲜血液。这一阶段的一系列措施表明，我国人工智能的研究工作逐渐步入正轨，获得了国家和社会各界的有力支持（详见表1-2）。

表1-2 中国人工智能技术的发展

年份	发展情况
1978	在中国自动化年会上，报告了光学文字识别系统、手写体数字识别、生物控制论等研究成果
1981	在长沙成立中国人工智能学会（CAAI），随后，中国首份人工智能刊物《人工智能学报》在长沙创刊
1984	国防科学技术工业委员会相继召开全国智能计算机及其系统学术研讨会和全国首届第五代计算机研讨会等全国性会议
1986	将智能计算机系统、智能机器人以及智能信息处理等重要研究项目纳入国家高技术研究发展计划，又称“863”计划①
1987	清华大学出版社公开出版了《人工智能及其应用》，该著作是国内首部具有自主知识产权的人工智能专著。接着，中国相继出版了首部人工智能、机器人学和智能控制著作
1989	中国首次人工智能联合会议（CJCAI）召开，此外，连续召开多次中国机器人学联合会议
1993	智能控制和智能自动化等研究项目被纳入国家科技攀登计划

① 国家高技术研究发展计划（“863”计划）是中华人民共和国的一项高技术发展计划，该计划是政府主导的以发展各高技术领域为研究目标的基础性国家计划，于1986年3月启动，目的在于增强我国的自主创新能力，充分发挥高技术引领未来发展的先导作用，其中就涉及自动化技术、智能机器人等人工智能领域的相关研究项目。

3. 探索阶段（2001—2012 年）

进入 21 世纪以来，人工智能的研究课题多次获得国家自然科学基金重点和重大项目、国家高技术研究发展计划（“863”计划）和科技部科技攻关项目、工信部重大项目等各种国家基金计划的支持。我国学者的人工智能研究领域已扩展到智能计算机系统、中文智能搜索引擎技术、智能化农业专家系统、语音识别、人机交互等方面。

2006 年 8 月，中国人工智能学会召开“庆祝人工智能学科诞生 50 周年”大型庆祝活动，举办了人工智能国际会议、首届中国象棋计算机博弈锦标赛、首届中国象棋人机大战等会议或赛事，这些活动的成功举办彰显了中国人工智能科技的长足进步，也向广大公众进行了人工智能基本知识的普及教育。同年，继《人工智能学报》和《模式识别与人工智能》之后，我国第三份人工智能的专业期刊《智能系统学报》创立。上述这些活动的举办与期刊的创立，为我国人工智能理论的学习与交流提供了平台，并且促进了中国人工智能的发展与应用。

2009 年，中国人工智能协会联合其他单位，向国家学位委员会和教育部申请设置“智能科学与技术”学位授权一级学科。该学科的建立对我国人工智能的发展具有重要的意义，为我国人工智能的研究与发展提供了专业的高级技术人才，也有助于我国实现从信息化向智能化的转变。

4. 发展阶段（2013 年至今）

近年来，在科技革命不断发展的背景及互联网技术、信息技术、大数据技术的支持下，我国人工智能开始蓬勃发展，人工智能应用的领域也变得更加广泛。由图1－3可见，2001—2012年，我国人工智能技术专利申请总量并没有明显变化，趋势比较稳定；但2013—2019年，我国的人工智能技术专利申请总量从25 572万件增加到146 133万件，增长了将近6倍。

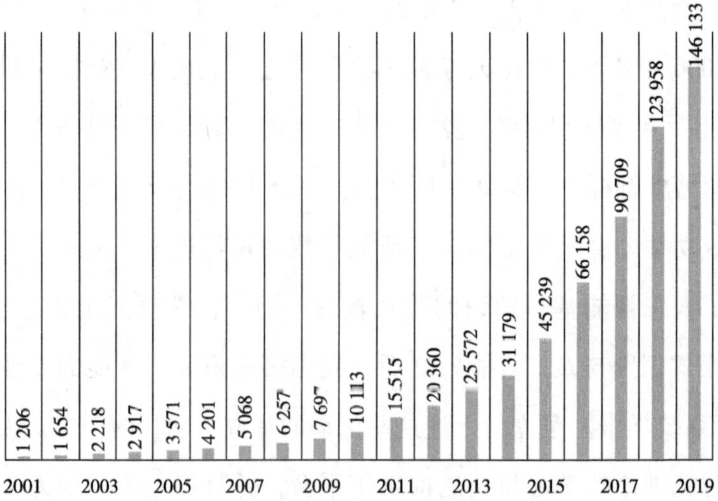

图1－3 2001—2019年我国人工智能技术专利申请总量（万件）

数据来源：《2020人工智能中国专利技术分析报告》. http：//www. xinhuanet. com/enterprise/2020－11/16/c_ 1126744833. htm

截至2019年底，中国人工智能企业共有797家，占世界总数的14.8%，从数量上来看仅次于美国。[①] 在人工智能发展所形成的产业链中，虽然有很多企业成立的时间较短，大多是初创企业，但发展

① 数据来源：艾媒网，https：//www. iimedia. cn/。

势头较好，具有较大的发展潜力和应用前景，诸如百度、阿里巴巴、腾讯、科大讯飞等，凭借自身在技术、资金、数据等方面的优势，发展成为优秀的人工智能企业。由图 1－4 可见，2013 年以来中国人工智能产业融资规模不断扩大，融资事件不断增加，并于 2018 年达到顶峰，当年产业融资规模达到 1 311 亿元，融资事件 597 起。2019 年，我国对人工智能的投资回归理性。

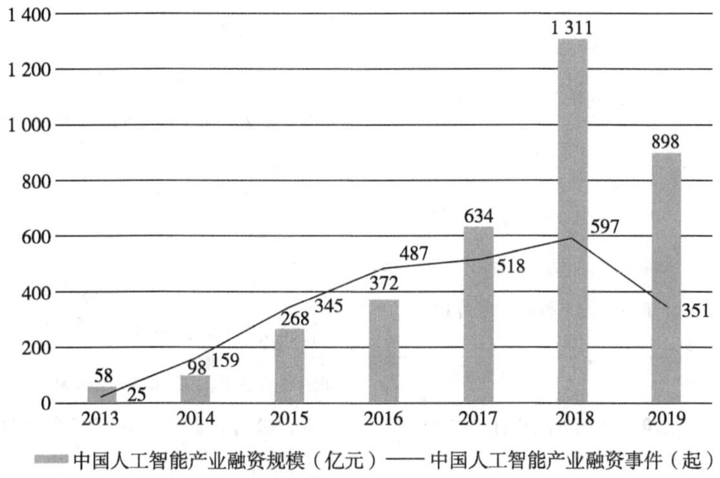

图 1－4　2013—2018 年我国人工智能产业融资规模和融资事件

数据来源：艾媒网，http：//www. iimedia. cn/

推动人工智能发展已经成为我国的国家战略。我国已经颁布了一系列支持人工智能发展的政策（见表 1－3）。在国家的支持和企业的努力下，我国人工智能的发展势必会加快速度，进入蓬勃发展的新时期。

表1-3　我国人工智能的相关政策支持

时间	名称	内容
2015.5	《中国制造2025》	部署全面推进实施制造强国战略，大力发展智能制造，推动智能化产业发展
2015.7	《中国人工智能白皮书》	为中国人工智能相关行业的科技发展提供理论指导方向
2015.7	《关于积极推进“互联网+”行动的指导意见》	首次将人工智能纳入重点任务之一
2016.3	《国民经济和社会发展第十三个五年（2016—2020年）规划纲要》	重视人工智能领域的发展
2016.5	《“互联网+”人工智能三年行动实施方案》	注重发挥人工智能技术的创新引导作用
2017.3	《2017年国务院政府工作报告》	“人工智能”第一次被正式写入政府工作报告
2017.7	《新一代人工智能发展规划》	将人工智能发展上升至国家战略，完善人工智能发展的政策环境
2018.3	《2018年国务院政府工作报告》	加强新一代人工智能研发应用，在医疗、养老、教育、文化、体育等多领域推进“互联网+”
2018.4	《高等学校人工智能创新行动计划》	为我国人工智能发展营造良好的发展环境
2019.3	《关于促进人工智能和实体经济深度融合的指导意见》	促进人工智能和实体经济深度融合，推动人工智能规模化落地
2020.1	《关于“双一流”建设高校促进学科融合加快人工智能领域研究生培养的若干意见》	构建基础理论人才与“人工智能+X”复合型人才并重的培养体系，探索深度融合的学科建设和人才培养新模式
2020.5	《2020年国务院政府工作报告》	重点支持新型基础设施建设，新型城镇化建设，交通、水利等重大工程建设

二、人工智能发展的意义

人工智能是一种能够引发诸多领域产生颠覆性变革的前沿技术，已经成为新一轮科技革命和产业变革的核心动力，正对世界经济、社会进步和人类生活产生极其深刻的影响。世界各国高度重视人工智能的发展，美国是第一个将人工智能发展上升到国家战略层面的国家，此外，中国、英国、欧盟等纷纷发布人工智能相关战略，着力构筑人工智能先发优势。随着人工智能的广泛应用，其对经济社会的影响与日俱增。

（一）人工智能是驱动新一轮科技革命的动力

以智能化为核心的新一轮科技革命在全球呈现方兴未艾的发展态势，智能化与信息化的融合将提供一个高度灵活化、数字化的生产和服务模式，人工智能、大数据、工业机器人等技术将会给经济社会带来更多变化。人工智能会逐渐渗透到各个行业，以智能化的方式广泛联结各领域的知识和技术能力，从而释放科技革命和产业变革所积蓄的能量。为了在新一轮科技革命中掌握主导权，西方发达国家纷纷制定人工智能发展政策，将发展人工智能作为提升国家竞争力的主要抓手，以获得国际竞争的主导权。例如，美国为确保其在全球的领先地位，投入大量的资金进行人工智能的研发；英国利用其在计算机领域的优势，致力于建设世界级人工智能创新中心。在新一轮科技革命中，人工智能技术贯穿于传统产业设计、生产、管理、服务等各个环节，最终将传统产业的生产与服务方式改造成为具有感知、学习、决策、执行、适应等功能的新型生产和服务方式。中国为充分把握新一轮科技革命的机遇，出台国家战略，加快科技和产业的变革，促进人工智能产业的发展。目前，在人工智能领域，中国的投资、初创公司和出版物数量均列世界第一。

（二）人工智能是助力经济发展的新引擎

人工智能被视作新一轮产业变革的核心驱动力、经济发展的新引擎，将重构生产、分配、交换和消费等经济活动各环节，形成从宏观到微观各领域的智能化新需求，实现社会生产力的整体跃升。以智能家居、智能机器人、智能交通等为代表的人工智能新兴产业加速发展，且规模不断扩大，将会成为带动经济增长的重要引擎。

第一，人工智能可以实现与人类合作，从而提高劳动生产率。埃森哲预测，2035 年，人工智能将推动中国劳动生产率提高 27%，经济总量提升 7.1 万亿美元。[①] 人工智能和人类在生产过程中进行合作时可以取长补短，相互借鉴。如达芬奇手术刀就是人机融合的成功范例，借助计算机视觉与图像技术，外科医生控制智能机器人进行手术，有效地提高了手术精准度，减少了人手颤抖带来的不便和事故。再譬如，中国团队 NextVPU 开发的盲人眼镜，将摄像机信息转化为语言，用声音告诉盲人，让盲人能方便地上街行走以及阅读

① 埃森哲. 人工智能：助力中国经济增长. https://www.accenture.com/cn-zh.

文献等。

第二，人工智能是一项具有通用性的技术创新，可以延伸到生产和生活各领域，实现“人工智能+”。如生物医学科学家利用人工智能，可以发现新的药物筛选方法，提高发现新药物的效率；数学家利用人工智能，可以发现新的寻找数学公式的方法，提高数学家的创新能力。

第三，人工智能会促使产业数字化、智能化，延伸产业链，拓展功能链，驱动产业智能化变革，重塑生产组织方式，优化产业结构，促进传统领域的智能化变革，引领产业向价值链高端迈进，全面提升经济发展质量和经济效益。

（三）人工智能可以缓解人口老龄化的压力

人工智能会提高生产的智能化与自动化，减弱生产活动对劳动的依赖，从而减轻老龄化背景下劳动力供给减少的压力。20 世纪下半叶，世界人口增长模式发生了历史性转变，生育水平下降、预期寿命延长成为人口发展的主旋律。进入 21 世纪以后，人口老龄化大潮席卷而来，深刻地影响着人口结构和经济社会发展格局。联合国人口司发表的报告预测，到 2030 年，全世界 60 岁以上人口预计有 14 亿人，占总人口的 1/6；2050 年老年人口预计有近 21 亿，占总人口的近 1/5。[①] 全世界 201 个国家或地区中，进入老龄社会的国家和

① 数据来源于联合国人口司，https：//www.un.org/development/desa/zh/about/desa－divisions/population.html.

地区也在不断地增加。自2000年以来，中国也进入了老龄化社会，老龄化程度不断加剧，而且面临着“未富先老”“未备先老”的局面，如果不采取有效对策，那么，老龄化对中国经济的冲击可能比其他国家更加严重。人工智能不仅可以缓解“人口红利”逐渐消失带来的影响，而且可以不断释放人工智能带来的技术红利。人工智能可以与制造业、交通、物流、农业等攸关民生的行业进行不同程度的融合，创造出新产品，形成新业态和新模式，促使传统产业转型，不断释放人工智能的技术红利和潜在价值。

（四）人工智能会显著改善人类的生活方式

人工智能会改变人类的生活方式，促使人们的生活更趋于向智能化的方向发展。

首先，在生活中，人工智能技术有助于满足人民日益增长的物质需求和精神需求，促使人类的劳动方式便捷化、高效化和自由化，不仅可以使人类从体力劳动中获得解放，还可以减轻人类的脑力劳动负担。

其次，人工智能在各个领域广泛应用，不断推动服务模式的创新、服务产品的优化，帮助人们进行相关决策，可以增加人们的自由时间，增加个体的休闲娱乐时间，提高人们的生活质量，同时，在日益严峻的老龄化境况下，人工智能发展和应用可以进一步释放出年轻人陪伴老年人的时间，使之更多地陪伴老人，照顾老人。由于其特有的程序，人工智能可以避免人类易疲劳、健忘等弊端，从而减少不必要的经济损失。

最后，人工智能已经渗透到生活的方方面面。如智能服装在传统衣服上加入智能化设备，能够实时监控人的生理指标和健康指标等；智能家电用人工智能技术实现对冰箱、空调、电视等家电的控制；智能汽车利用人工智能技术实现无人驾驶，进而解决人类可能出现的汽车驾驶问题，如疲劳驾驶、交通堵塞、交通事故等。人工智能的普及提高了人们生活的安全保障水平，人们的交往方式和娱乐方式也随着人工智能的发展而出现巨大变化。

（五）人工智能倒逼劳动力提升自身技能

人工智能的广泛应用势必会对劳动力就业结构产生影响，而这种影响是渐进的，在不同时期呈现出不同的特征。第一次工业革命推动手工业向机器大生产转变，使资本有机构成不断提高，机器在一定范围内补充和替代体力劳动，大批农民和手工业者失去原有的工作岗位，劳动者开始向机器生产领域转移，催生了技术工人，低技能劳动者就业率迅速提升。以电力、电气为代表的第二次技术革命实现了规模化、机械化生产，进一步提高了劳动生产效率，对劳动者的技能要求进一步提升，单纯体力劳动者的就业岗位进一步缩减，脑力劳动者和知识工人在劳动力队伍中所占的比重增加。第三次信息技术革命的快速推进使自动化和工业化程度逐渐加深，机器智能化水平不断提升，对劳动力技能提出了更高的要求，体力劳动进一步被替代，脑力劳动在部分领域也逐渐被机器替代，劳动力就业趋势朝着数字化、信息化和个性化的方向发展。上述三次科技革命总体上是机器逐步取代人的过程，并逐步由替代体力劳动向替代脑力劳动发展，劳动力呈现出技能偏向性发展的趋势，劳动力技能和劳动力质量不断优化。随着人工智能的发展应用，机器不断更新换代，智能化水平越来越高，技能倾向性趋势更加明显，换句话说，人工智能会进一步实现对劳动力的替代，不仅会代替人的体力劳动，还会在很大范围内代替人的脑力劳动。人工智能的广泛应用会倒逼劳动者提升技能，为使自身不被机器设备所替代，劳动者会不断强化教育，更新知识体系和技能体系，调整自身的知识结构、观念结构等，以满足工作岗位的需要。

第二节　人工智能的发展与结构性失业

一、学者们关于人工智能发展影响就业的讨论

（一）人工智能发展对就业总体影响的研究

学者们主要通过研究受自动化或人工智能影响的职业或工作的比重来判断人工智能发展对于就业的总体影响。

一部分学者持悲观看法，他们认为人工智能的发展会减少就业总量。埃里克·布莱恩约弗森（Erik Brynjolfsson）和皮德鲁·麦卡菲（Andrew McAfee）（2011）认为，现今的组织、机构、政策、思维方式

和人的技能跟不上如此快速的技术进步（尤其是计算机硬件、软件和网络的发展），使得很多工人在与机器的竞赛中被淘汰。卡尔·弗瑞（Carl Benedikt Frey）和迈克尔·奥斯本（Michael A. Osborne）（2013）分析了美国702个就业岗位被人工智能和自动化替代的概率，结果表明，在未来20年中，有47%的岗位可能会被人工智能替代。同时，Chui等（2015）预测，美国的所有工作中，有45%可以依靠现有技术水平的机器来完成；如果人工智能系统的表现可以达到人类中等水平，该数字将提高到58%。Acemoglu和Restrepo（2017）利用1990年到2007年间美国劳动力市场的数据进行研究，结果发现，机器人和工人的比例每增加千分之一，就会让就业岗位减少0.18%～0.34%，样本时间内美国因工业机器人的使用产生的失业至少为36万人次。一些学者利用与Frey和Osborne（2013）类似的方法进行了相关研究：Pajarinen和Rouvinen（2014）评估芬兰易受自动化影响的工作份额约为35%；Bowles（2014）评估欧洲易受影响的工作份额在45%～60%；David（2017）预测未来几年日本有55%的就业机会将受到最新技术的冲击。Berriman和Hawksworth（2017）发布的研究报告预计，到2030年早期，英国将有1 000万左右的工作岗位有很大的潜在风险被自动化技术替代，占全部工作岗位的30%，而美国、德国和日本的比率分别为38%、35%和21%。LaGrandeur和Hughes（2017）认为，技术性失业和无就业增长可能是一种长期趋势。

在国内，陈永伟、许多（2018）应用 Frey 和 Osborne（2013）的方法考察了人工智能的冲击，结果发现，就业人员的 76.76% 会在未来 20 年内遭受人工智能的冲击，如果只考虑非农业人口，这一比例则是 65.58%。闫雪凌等（2020）使用我国 2006—2017 年制造业分行业数据，实证研究了工业机器人的使用对制造业就业的影响，结果显示，工业机器人的使用会对制造业行业产生就业效应，其中，对岗位数量有显著的负向冲击，工业机器人保有量每上升 1%，就业岗位减少约 4.6%。蔡啸和黄旭美（2019）的研究得出了相似结论，他们基于两部门的任务模型发现，在多数情况下，人工智能技术会对制造业就业产生挤出效应。吴清军等（2019）以电商行业 S 平台为研究对象，发现人工智能短期内会对电商的就业带来一定的消极影响。王军等（2021）基于就业者的视角，发现 29.51% 的就业者认为自己的工作将会被人工智能取代。

另一些学者不认为人工智能的发展会带来严重的失业问题。Graetz 和 Michaels（2015）利用 1993—2007 年间 17 个国家的 IFR 面板数据进行研究，并未发现工业机器人对总就业有显著影响，反而发现人工智能技术会创造出新的产品和服务，这些产品创新将会带来预料不到的新职业。人工智能和人的劳动之间存在很大的互补性，人工智能会在数字技术领域创造一些全新的工作岗位，并通过创造出额外的财富和支出在现有行业中创造更多的工作机会（Autor，2015），因此，部分工作可能会被替代但不等于会带来未来的失业，新技术的发展也会通过许多补偿机制创造新的就业机会（David，2017）。Acemoglu 和 Restrepo（2018）认为，自动化的增加既降低了使用劳动力的成本，从而阻碍了进一步的自动化，同时又创造了新的复杂任务——在过去30年里，新任务和新职位占美国就业人数的很大部分；他们还认为，新技术对劳动力的影响与经济中其他部分的调整息息相关，需要从更多的视角来研究人工智能发展对就业的影响。Arntz 等（2016）基于 PIACC 数据库对 OECD 国家进行了相关研究，结果发现，21 个 OECD 国家中仅 9% 的工作可能存在自动化的风险，且技术替代劳动通常并不会像预期的那样，它的推广往往会受经济、法律和社会道德的影响。Oschinski 和 Wyonch（2017）更新了不易被计算机化的技能特征列表，并根据重要性程度对每个职位的技能特征进行赋权，研究发现，加拿大易被自动化的行业劳动力仅占总就业的 1.7%。同时有学者认为，虽然人工智能技术将使许多工作自动化，但对就业的影响并不明显（Bessen，2018），且大多数自动化系统缺乏灵活性，仍无法适应部分非常规任务的需要（Brynjolfsson 等，2018）。通过考察自动化对工作（职业）的影响，Manyika 等（2017）认为，现阶段的转型充满挑战，但到 2030 年，大部分工作场所能够提供维持充分就业所需的工作岗位。

国内有学者指出，人工智能对劳动力市场的影响既有挑战，也有机遇（岳昌君，2018），即使发生技术变革，只要加强教育和培训，劳动技能将与劳动需求逐步匹配，技术进步对就业的影响就是可控的（杨伟国等，2018）。也有人认为，人工智能发展对就业规模的影响存在较大程度的不确定性（潘文轩，2018）。虽然人工智能的发展可能会对中国的劳动力市场形成巨大冲击，但影响效果有待进一步探索（曹静、周亚林，2018）。李晓华（2018）提出，随着技术的进步，人类工作岗位绝对减少的拐点可能就要到来，机器的出现并没有使就业总量减少。一定程度上，人工智能的发展会替代乡村的劳动力，但总体来讲，人工智能会促进劳动力就业（吕荣杰、郝力晓，2018），同时工作被自动化并不意味着实际的工作损失（曹静、周亚林，2018）。李磊、徐大策（2020）借助 2000—2013 年中国工业企业数据和海关贸易数据匹配而得的企业层面综合数据库发现，机器人使用量的增加会显著提高中国制造业企业的劳动生产率，与没有使用机器人的企业相比，使用机器人的企业的劳动生产率高 7.45%。杨虎涛（2018）认为，我国当前处于弱人工智能阶段，弱人工智能对就业的冲击主要是结构性和短期性的，而不是总体上和长期性的。但也有学者指出，随着人工智能由弱人工智能阶段发展到强人工智能阶段，对就业的影响将会增加（王君等，2017）。李开复、王咏刚（2017）认为，人工智能会带来工作方式和内容的转变，短期会造成局部失业现象，但长期会促使人类工作大量转变为新的工作类型。蔡啸、黄旭美（2019）、吴清军等（2019）也得出了相似的结论。

（二）易受人工智能影响的职位或工作成为学者们研究的重点

人工智能技术加速发展渗透进了医疗健康、养老、教育、安全等多个领域，贯穿生产与消费的各个环节，也应用于经济社会的各个方面（Trajtenberg，2018），易受人工智能影响的职位或工作逐渐成为学者们研究的重点。事实上，机器对于不同工作的替代程度是不一样的，诸如驾驶、医疗诊断等非常规的认知任务越来越可能被机器所取代，其中也包括客服、翻译等特定领域（Autor 等，2006）。

Frey 和 Osborne（2013）也持类似观点，认为具有美术、独创性、协商、说服、社会洞察力、帮助和关爱他人等变量维度的工作被机器取代的风险较低，包括管理、商业、金融、计算机、工程、科学教育、法律、社区服务、艺术、媒体、健康保健等领域的工作，服务、销售、办公室、行政支持、建筑、制造、交通和物流等领域的工作被计算机化的概率很高。

Deming（2017）强调社交能力在防止被计算机和自动化任务取代时所起的重要作用，其构建的理论模型关注社交能力对协调成本的降低以及对工人在专业化和贸易有效性方面的提升。人工智能技术暂时难以完成与人类的社交活动，其就业的创造效应多体现在幼师、护士、健康顾问以及社会资讯类工作等职业，在改变劳动需求的同时促使劳动者加强对自身社交能力的提升。数据显示，1982—2012 年，美国社交密集型工作增长了 24%。美国劳工统计局的研究预测，未来新增就业将集中于服务行业，特别是医疗和社会援助行业（Trajtenberg，2018）。

Masayuki（2017）的调查研究发现，消费者对某些人力所提供的服务更加偏好，像儿童看护、教育、老人护理等劳动密集型的工作将难以被服务机器人所取代。基于英国的数据，Berriman 和 Hawksworth（2017）也证明了此观点。他们指出，到 2030 年，英国被自动化风险最高的行业包括运输与仓储（56%）、制造业（46%）、管理与支持服务（37.4%）和批发零售业（44%），而医疗与社会工作（17%）、教育（8.5%）、家政（8.1%）等行业的风险则偏低。

更有学者指出，第四次工业革命的中坚力量（信息物理系统）在当下的生产制造环节造成了一种“范式转移”，不仅取代了体力劳动者，而且取代了中产阶级工作者，尤其是受过高等教育和获得高额收入的上层中产阶级工作者（LaGrandeur 和 Hughes，2017）。

国内学者方面，李开复和王咏刚（2017）提出了“五秒钟准则”（5 秒钟内对工作中需要思考和决策的问题做出决定），认为从事翻译、新闻报道、助理、保安、销售、客服、交易、会计、司机、家政等工作的人未来 10 年将有约 90% 被人工智能全部或部分取代。陈明生（2019）也有类似发现：第一产业、第二产业中的生产人员和第三产业中的批发零售业、金融业、交通运输、仓储和邮政业中大量的就业人口及企业、机关事业单位的会计、统计、审计及行政后勤人员，将大量被人工智能替代。甚至，人工智能将进一步替代人的脑力（王君等，2017），可能会取代许多“体面”的白领工作（李晓华，2018）。王文（2020）基于中国 30 个省份 2009—2017 年的数据，着重从行业就业结构变动的视角对工业智能化是否推动高质量就业进行实证考察后发现，工业智能化水平的提升显著降低了制造业的就业份额，同时增加了服务业特别是知识和技术密集型的现代服务业的就业份额。孔高文等（2020）基于行业与地区异质性的探索性研究发现，机器人应用规模扩大会显著降低本地未来一年的劳动力就业水平，尤其是易被机器替代的行业的就业水平。

人工智能对不同性别劳动力的影响也是值得关注的研究方向。任务偏向型的技术进步对常规性任务的替代会降低男性就业，而从事非常规任务的女性则获得了就业（Acemoglu 和 Autor，2011）。Borghans 等（2014）以英国、德国和美国为例，证实了计算机技术扩散与社交任务增长呈正相关，女性在人际交往等认知技能的比较优势为女性带来了就业增长。国内学者的研究同样发现：人工智能技术的发展使得更注重劳动力的认知技能，而女性更具比较优势（魏下海等，2018；朱琪、刘红英，2020）。段海英和郭元元（2018）也持类似观点，从性别层面来看，男性被人工智能技术替代的风险高于女性。

（三）人工智能发展背景下的就业极化问题

关于就业极化现象的产生，Autor 等（2003）指出，难以被计算机化的需要解决问题的能力、创造力以及说服能力的抽象任务，和需要环境适应性、视觉或者语言识别以及互动能力的手工任务，一般分布在岗位技能的两端，因此就产生了就业极化。人工智能的就业新业态会呈现一般劳动者难以胜任、劳动力需求少的特点，这必然会排挤出大量的只具有一般技能的劳动者，技能技术性失业将难以控制（蒋南平、邹宇，2018）。人工智能的发展会增加对高收入的脑力劳动（认知工作）和低收入的体力劳动岗位的需求，从而影响劳动者的就业选择（Goos 和 Manning，2007）。Autor（2013）和 Frey 等（2017）提出，20 世纪计算机革命和 21 世纪人工智能技术的飞速发展对岗位的影响突出表现为中等收入、中等技能需求岗位数量的减少。Acemoglu 和 Restrepo（2018）也得出类似结论，认为人工智能技术会导致劳动力就业结构呈现“两极化”趋势，会增加对高、低技能劳动力的需求，而减少对中等技能劳动力的需求。人工智能的加速发展和应用，最重要的是会造成结构性失业（邓洲、黄娅娜，2019）。

但也有学者对人工智能造成就业极化影响持不同的观点。Michaels 等（2014）指出，人工智能技术的发展会催生出大量知识和技术密集型的工作岗位，从而增加对高等技能劳动力的需求。Hemous 和 Olsen（2014）得出了类似结论，他们通过构建以自动化为导向的内生增长模型发现，自动化将会增加高等技能劳动力的需求，替代低等技能劳动力。Graetz 和 Michaels（2015）利用 1993—2007 年间 17 个国家的数据，发现工业机器人的使用会减少中、低端技能工人的劳动时间和强度。Jerbashian（2016）利用欧洲 10 个国家的数据，证明以计算机化为代表的智能技术可能会引起岗位单极化的问题。Frey 等（2017）指出，在现阶段计算机化主要局限于低技能和低工资岗位的情况下，当前劳动力市场极化范围不会继续扩大。

国内也有少数学者关注这个问题。潘文轩（2018）认为人工智能的发展对就业结构的影响将体现为高低端岗位两极增长的趋势。蔡跃洲、陈楠（2019）发现，在人工智能及自动化推进的过程中，人工智能对就业结构性的冲击不可避免，会造成中间层岗位容易被替代，就业结构将呈两极化趋势。基于模型推演和分类评估，王林辉等（2020）指出，人工智能技术会引发岗位的更迭效应和生产率效应，这两种效应会在低技术部门通过自动化扩张、在高技术部门以新岗位创造方式呈现。当然，也有国内学者表示，人工智能的发展并不会造成我国劳动力市场的极化现象（吕荣杰、郝力晓，2018）。宋旭光和左马华青（2019）对我国各省份 2000—2017 年工业机器人投入数量的研究发现，工业机器人的应用会提高劳动生产率，且与劳动力之间更多的是互补式替代效应，并不会导致就业结构的极化。

二、人工智能的发展与结构性失业

从已有的研究可以看出，学者们对于人工智能发展对就业的影响并未形成一致的意见。很多人根据历史经验认为，人类经历过的多次技术革命，都在很多领域推动了技术对劳动力的替代，但从整个社会的角度来看，技术进步创造的就业岗位远多于被替代的就业岗位，因此，即便人口持续增长，社会仍然没有出现严重的失业问题，人工智能对就业的影响会沿袭历史的规律。这种说法似乎很有道理，但它忽略了以下几个问题：

第一，每次重大的技术进步都导致了技术对劳动力的替代，虽然到目前为止还未造成严重的失业问题，但毫无疑问，这种影响一直在累积。

第二，人工智能跟以前任何一种技术相比有根本性的不同，以往的任何一种技术产生的影响都是局部性的，而人工智能的影响却是全局性的，它直接改造生产的决策系统、指挥系统和控制系统，相当于改造了生产的中枢系统，将引起经济运行所有领域的巨大变革。

第三，以前技术革命导致在很多部门释放出的大量劳动力最终都被劳动密集型的服务业所承接，但随着人工智能的发展，服务业领域也普遍出现了技术对劳动力的替代，从发展过程看，这种替代的趋势越来越明显。

虽然学者们最终的研究结论不同，但大家普遍认为：人工智能的发展将在某些领域实现技术对人的劳动的大规模替代。即使支持技术在替代部分就业岗位的同时将创造大量新的就业岗位的学者，也无法指出人工智能将在哪些领域创造出大量的就业机会以抵消人工智能对人的劳动的大规模替代。从当前的经验看，人工智能技术即使能够创造新的工作岗位，也是以极其经济的方式创造出来，最终增加的工作岗位是有限的。退一步说，在人工智能发展的过程中，就算人们能够找到能大规模承接因被替代而失业的劳动力的领域，由于人工智能发展导致释放出劳动力的速度过快，也由于知识的专用性和学习的渐进性，从原工作岗位被释放出的大量劳动力无法进入新的就业领域，适应新的工作岗位。综上所述，人工智能的发展对就业的影响必然和首先表现为结构性失业。

认识到人工智能发展会导致严重的结构性失业问题极为重要。人们不能坐等人工智能发展背景下的失业和结构性失业问题变得越来越严重，然后再寻找解决对策。社会应该未雨绸缪，学者们首先应该研究清楚：哪些领域的就业岗位将被人工智能大规模替代，哪些领域的就业岗位不会被替代，从而在未来的就业结构中占据更大的比重；人工智能发展背景下结构性失业产生的机制、表现；社会可以采取什么对策来解决人工智能发展背景下的结构性失业问题；在当前人工智能技术发展初期，对劳动的替代还未大规模发生的情况下，社会可以采取哪些措施来应对人工智能发展对就业的影响。

第二章　人工智能和就业关系研究的理论框架

第一节　生产组织方式的内涵及影响因素

一、生产组织方式的内涵

社会就业总量取决于各企业、机关、社会组织等主体使用的劳动力的数量。在生产过程中，企业等需要使用劳动力和生产资料等各种生产要素；在不同的时期、不同的产业及不同的企业，生产要素的配置比例各不相同。生产主体内部各种生产资料与劳动力的配比及使用方式被称为生产组织方式（汪亚青、许小青，2016）。人工智能的发展必然推动生产组织方式的变化，改变生产过程中劳动力和生产资料的配置比例，从而影响就业。

（一）已有的关于生产组织方式内涵的研究

学者们对于生产组织方式的内涵已有一定研究。

智溢（2005）认为，生产组织方式是生产过程中劳动力、劳动工具和劳动对象之间组合的方法和形式，也就是生产过程中人、机、料三者相组合的方法和形式，包括生产过程组织方式和劳动组织方式；生产过程组织方式侧重研究设备、原材料等物的方面，即设备如何布置，原材料、半成品如何流动，国外叫物流方式；劳动组织方式侧重研究人的因素，研究生产工人的劳动分工和协作以及如何发挥劳动者的效率问题。

刘刚（2005）认为，在经济全球化背景下，与市场相比，企业在社会资源配置中起着更为根本性的作用；生产组织方式是一种比技术、资本等流动性生产要素更重要的生产要素；历史地看，与生产组织方式相伴随的是各国国际竞争实力及其政治地位的变化；生产组织方式的转变本质上表现为一个持续的企业组织创新的过程；生产组织方式的创新和演进这一长期被正统经济分析模型抽象掉或作为固定的外在变量处理的因素，必须重新纳入经济理论分析的视野。

马光秋（2011）认为，企业是一种组织，其生产方式就是一种组织过程，他把企业的具体生产方式概括为“生产组织方式”一词。

董萍（2009）认为，生产组织方式是指对企业输入的诸生产要素进行合理组合与配置的一整套方法、规则构成的体系及其相应的组织结构形式、具体实施的工具和手段；其目的是试图以最合理的方式将诸生产要素有效地结合起来，使企业生产过程的各个组成部分从时间和空间两个维度上紧密衔接与协调，形成有机的整体，使产品在生产过程中行程短、时间省、耗费小、效率高，能够对市场变化做出快速反应；随着经济全球化、科学技术进步和信息网络技术的广泛应用，企业将面临更为复杂和不稳定的外部环境，生产的组织方式将是一种与技术、资本等流动性生产要素同等重要的无形生产要素，并制约着企业技术进步效用的发挥。

汪亚青、许小青（2016）认为，生产组织方式是生产主体内部各种生产资料与生产工具、劳动力的配比及使用方式，其实质是微观资源配置，目的是使生产效率最大化，从而实现利润最大化。

（二）生产组织方式的内涵

学者们关于生产组织方式内涵的界定虽有一定差异，但基本内容是相同的。综合上述学者对于生产组织方式的研究，我们可以把生产组织方式包含的内容分成以下几个部分：

一是企业或其他生产主体在生产经营过程中各生产要素的数量关系，既包括劳动者、劳动资料、劳动对象的数量关系，也包括劳动力成本（可变资本）、劳动资料成本、劳动对象成本等价值构成关系，马克思的资本技术构成和资本有机构成都属于生产组织方式的范畴。在不同的时代，由于科技水平及其他条件的不同，生产主体中各生产要素的数量关系有很大的不同。以资本有机构成为例，在手工劳动时代，生产工具比较简单，生产过程主要依靠人的体力推动，资本有机构成比较低；随着技术的进步，机器或机器体系一定程度上替代人的劳动，资本有机构成逐渐提高；到了生产高度自动化时代，生产只要很少的人参与就能完成，很多环节甚至可以离开人自动运行，出现了“无人工厂”和“无人经济”。

二是生产要素在生产经营过程中组合的结构，既包括劳动者、劳动资料、劳动对象等在生产过程中的具体安排和组合，也包括各经营组成部分，如企业内各工厂、分公司、子公司等之间的结构和关系。在社会发展的不同阶段，由于技术水平等的不同，生产主体内生产要素组合的结构有很大的不同，在手工业作坊和早期的工厂，生产要素组合的结构比较简单，生产主体规模较小，内部组织结构比较简单；随着技术的进步和机器体系的发展，对于人、机器及其他生产要素的组合提出了很高的要求，最终采取了流水线的生产组织方式，极大提高了生产的效率；自动化生产方式的发展使得生产过程中所需人力大幅减少，对于生产过程中物的要素的合理组合提出了更高的要求，企业需要设置合理有效的生产系统、供应系统、控制系统、反馈系统、自助消费系统、收费系统等。

三是生产要素使用和组合制度。制度是生产要素高效使用及生产要素合理组合的基础。人类社会早期的生产单位，生产规模小，要素数量少，要素组合方式比较简单，劳动者指挥生产过程，生产过程能否顺利进行取决于劳动者的智慧和经验，制度存在于劳动者的头脑里；机器的出现和发展需要劳动者、劳动资料和劳动对象之间更加密切的配合，生产要素的组合更加复杂，人们需要制定和完善制度来保证生产的高效进行，因此出现了工厂制度。泰罗制的出现标志着生产要素使用和组合的制度走向完善，而福特制的出现不但是生产要素组合结构上的巨大变革，也是生产要素使用和组合制度的重大变革。随着技术的进步、市场多样化需求的发展以及人对于尊严和发展权利的追求，生产方式、要素组合结构及制度都有走向更加自由和灵活的趋势。

二、生产组织方式发展的影响因素

探寻生产组织方式的发展规律，需要研究生产组织方式发展的影响因素，很多学者已有一定研究。

刘刚（2005）认为，20 世纪 70 年代以来，随着经济全球化的不断深化和信息网络技术的广泛应用，企业的外部经营环境出现了若干重大而深刻的变化，酝酿和引发了西方发达国家制造业生产组织方式的重大变革。企业外部经营环境的重大变化主要表现在以下三个方面：第一，客户和市场需求的复杂多变；第二，经济全球化的迅速发展极大地促进了产品和要素在全球范围内自由流动；第三，信息网络技术的广泛应用改变了企业传统的竞争和合作方式。

张慧、杨杨（2007）认为，从汽车的发明到实现少量生产，到福特的大规模流水线生产模式，再到第二次世界大战后日本丰田汽车精益生产方式的创建，汽车工业生产组织模式的发展变迁无不反映着每一个时代的技术发展特征和市场需求倾向，并且在生产模式提升的过程中表现出对更高的生产力水平和技术进步的渴求。

汪亚青、许小青（2016）认为，生产力的发展决定了生产组织方式的具体实现形式，生产组织方式要顺应生产力发展的需要，并加速推动生产力发展，进而表现为生产组织方式随着技术进步不断演进。从马克思主义政治经济学的视角分析生产组织方式的演进：首先，分工协作是生产组织方式演进的初始逻辑；其次，通过竞争获取超额剩余价值是生产组织方式演进的利益诉求；最后，生产工具革命将导致生产力与生产关系发生冲突，进而产生从个别到普遍的生产组织方式的变革。

综合上述学者的研究，技术进步、市场需求和社会分工是影响生产组织方式变化的最重要的因素。技术进步是推动生产组织方式变化的决定性因素；市场需求的变化是引起生产组织方式变化的重要力量；生产组织方式的发展以社会分工的发展为基础，并推动社会分工的进一步深化。正是技术进步、市场需求和社会分工的发展变化及其相互作用，推动了生产组织方式从小批量工艺化生产向大规模标准化生产再向大范围柔性化生产发展；具体到生产资料和劳动力的配比关系，则呈现出工具或技术体系对于劳动的不断替代的发展趋势（该趋势与就业总量的持续增加并不矛盾，因为经济总量增加的速度更快）。

（一）技术进步

技术进步对于生产的意义在于同时改变了劳动者、劳动资料和劳动对象及其组合方式，从而改变了生产方式。生产资料是生产力发展水平的客观尺度，是区分社会经济时代的物质标志。正如马克思所指出的，各种经济时代的区别不在于生产什么，而在于怎样生产，用什么劳动资料生产；生产资料中起决定作用的是生产工具，生产工具将人与动物区别开来，且更能显示一个社会生产时代的具有决定意义的特征，生产工具还是人类劳动力发展的测量器（马克思，1975）①。

在人类社会早期，技术比较落后，生产工具比较简单，人的体力在生产过程中起决定作用，生产要素的配备围绕着人进行，生产效率直接取决于人的劳动能力；随着生产力的发展和技术的进步，特别是机器的出现和发展，生产工具在生产过程中逐渐处于主导地位，其他生产要素围绕着生产工具进行配备，或者说根据机器的需要来配备操作机器的人。

在人与机器配置的数量关系方面，技术进步一直在推动机器或技术系统对于人的劳动的替代。生产工具的出现使得人体器官得以延长、加强和锋利化，实现了人的身体的劳动功能部分地向生产工具转移；机器的出现、应用和发展很大程度上取代了人体运动系统（骨骼系统和肌肉系统的总和，包括手）的劳动功能（王师勤，1986），极大地减轻了人的劳动负担，提高了生产效率。生产流水线使不同类型、不同功能的各种机器在一个严密的组织体系里有效运行，实现了生产的高度组织化、高度精密化和高度专

① 《资本论》中文版于1975年出版。

业化，极大地提高了生产效率，使得生产单位产品所需的劳动力大幅减少，从而替代了原本所需的大量劳动力。而随着信息技术等的深化发展和人工智能的飞速发展，生产和经营无人化趋势不断发展并拓展其广度和深度，无人驾驶、无人码头、无人农业等相继出现，无人化经营甚至大量渗透到服务业领域，出现了所谓的“无人经济”。

（二）社会分工的发展

分工是劳动的划分和独立化。分工的发展对经济乃至人类社会的发展具有重要的意义，舒尔茨（2001）认为，经济增长的重要源泉是劳动分工和规模报酬递增。分工推动了专业化的发展，人们从事专门的操作，有利于增加劳动的熟练程度，积累经验、技巧和知识，从而提高劳动生产率，推动科学技术的发展；分工促进了劳动工具的简化、改进和多样化，从而推动了机器的出现。

劳动者、劳动资料和劳动对象结合于生产过程之中，劳动者在生产过程的不同环节从事不同的工作。在分工不发达的生产单位里，同一个劳动者需要先后在生产过程的不同环节、从事不同的工作种类、使用不同的生产资料进行生产；随着生产组织规模的扩大以及分工的发展和深化，每个劳动者的工作任务越来越单一化，在技术进步的基础上，其工作也越来越简单化，劳动者在工作中逐渐只使用固定的生产资料，尤其是利用机器进行生产的时候；每个劳动者在工作过程中使用的生产资料的种类减少了，但价值却大大增加了，虽然工人的工资也在上涨，但上涨幅度远远比不上所使用的生产资料价值的增长幅度，这就是马克思所揭示的随着技术进步导致的资本有机构成提高的规律。在分工不发达、劳动者需要从事不同工作种类和环节的较小的生产单位里，劳动者需要衔接好不同的工作环节，合理安排好工作时间，劳动者的工作过程和工作规则难以实现标准化；在分工高度发达的大企业里，每个劳动者的操作比较单一和简单，但由于机器的高速运转，劳动者必须跟上机器的运转节奏，才能充分发挥劳动者和生产资料的功能，对劳动者劳动过程、工作规则进行规范化和标准化不但是必要的，也有了可能性。可以看出，技术进步、分工发展决定了劳动者、劳动资料和劳动对象结合的方式和规则。

分工之于生产组织方式发展的重要性还在于分工对生产组织形式的发展具有重要的意义。生产组织形式是指生产组织的表现形式，包括家庭、手工业作坊、企业、公司等，阮建青等（2011）、李佩源（2015）等学者都是在这个含义上使用生产组织形式的概念。分工的发展推动了企业的出现和发展：社会分工是企业产生的条件，企业就是分工的组织（段文斌，1998），企业内分工和专业化发展导致的规模报酬递增是企业存在和发展的根本原因。生产组织形式随着技术的进步和分工的发展而不断演变：与手工劳动相适应的生产组织形式有原始社会时期的氏族（末期出现了家庭）、前资本主义时期的家庭（奴隶主及封建主庄园、自耕农家庭和手工业作坊等）和资本主义前期的手工工场；随着机器的出现和机器体系的发展，大机器生产要求企业有更大的规模、集中的指挥和严格的规章制度，于是工厂产生了；随着技术的进步、市场的扩大和分工的发展，以及更复杂的机器体系的出现，公司在19世纪中期后成为重要的生产组织形式（第一家真正意义上的公司是1600年成立的英国东印度公司），后来又出现了规模巨大、由职业经理控制的现代公司。与技术愈益进步、分工越来越发达、企业规模越来越大相适应，企业（生产单位）组织结构的基本形态经历了U型（一元结构）、H型（控股结构）、M型（多元结构）、矩形组织结构、多维立体组织结构和网络型组织结构等不同的形式（周茂清，2000；钱德勒，1987；高燕翔，2007）。

（三）市场需求

从根本上说，消费是生产的最终目的。马克思（1995）认为：没有生产，就没有消费；但是，没有消费，也就没有生产，因为如果没有消费，生产就没有目的。生产和消费的相互作用推动着社会经济向前发展。消费需求对于社会生产的反作用，包括对于社会生产各方面如技术进步、分工发展、生产组织方式发展等的推动作用。人要生存和发展，需要满足其各方面的需求：既有吃、穿、住等基本生活方面的需求，也有休闲、享受等非基本生活方面的需求，还有发展方面的需求；有物质方面的需求，还有精神方面的需求；有现实的需求，也有潜在的需求。人类需求的发展遵循着质无限、量有限相统一的定律（张建映，2002）：从量和静态的角度，每个人消费的物质产品和精神产品的数量是有限的；而从质和动态的角度，人们追求消费需求满足的程度是无限的，人们希望所消费产品的质量越来越好，种类越来越多，档次也越来越高，即人们追求越来越高的需求满足程度。在资源有限的情况下，满足无限发展的人类需求就必然要求提高投入产出的转换率，提高生产的效率。投入产出转换的效率首先取决于技术水平，因此，消费需求的发展会推动科学技术的进步。提高投入产出转换的效率还取决于人与人之间的合作水平。Alchian 和 Demsetz（1972）认为，企业的实质是团队生产，团队生产的结果是能够产生剩余。人们进行合作生产，需要采用一定的结构，即建立在分工基础之上的生产组织体系，消费需求的发展会倒逼分工和生产组织体系尤其是生产组织方式的发展。

消费需求的表现形式也会直接影响生产的结构及其组织方式。在人类社会早期，生产力水平相对较低，满足人们的生存需求、物质需求更加重要，需求对于生产的反作用表现为生产效率被置于绝对优先的地位，对于生产组织方式的要求是提高生产的效率。一方面，生产者倾向于减少产品的品种、扩大单一品种的生产规模，以获得规模经济效益，生产出更加便宜的产品；另一方面，生产过程中的规章制度等越来越严格，以提高劳动者的工作效率并减少生产资料的消耗。在这种情况下，劳动者进行生产的条件会越来越好，收入会越来越高，但往往面临劳动强度高、劳动操作单一、劳动过程枯燥、精神压力大、劳动者得不到全面发展等问题。随着生产力的发展，人们的生活水平得到提高，在满足基本消费需求之后，人们追求更高程度需求的满足：一方面要求产品种类多样化，以满足人们多样化的需求，另一方面要求产品能更好地满足人们的需求，这样，以规模、成本为取向的生产组织方式的局限性便越来越明显，生产组织方式需要更加灵活和柔性化。

综上所述，人工智能的发展必然会促进社会分工的发展和消费需求的变化，并与之一起推动生产组织方式的发展，改变生产过程中劳动力和生产资料配置的比例和方式，从而影响就业。生产过程中原本由人承担的很多工作被人工智能替代，人的劳动方式也因此发生改变。因此，生产组织方式理论可以成为研究人工智能发展对就业影响的理论框架，分析在人工智能技术发展和人的需求变化的共同作用下生产组织方式发展、人工智能替代劳动、劳动方式不断改变的过程。本书利用该分析框架，在研究人工智能发展推动生产组织方式和人的劳动方式变化的基础上，对人的劳动类型进行划分，确定哪些劳动将逐渐被人工智能替代，哪些劳动不但不会被替代还将扩大规模，从而找出社会就业的发展趋势（即结构性失业的出现和总就业人数的减少）（见图 2 – 1）。

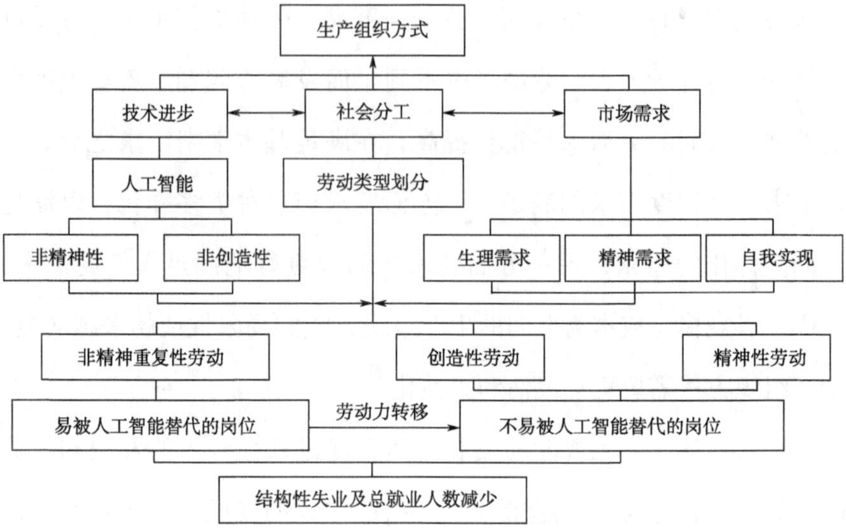

图 2-1　人工智能发展影响就业的机制

第二节　生产组织方式的发展

随着科技进步、分工发展和市场需求的变化，生产组织方式也不断发生变化，学者们对此已有一定研究。吕晨、曹荣林（2017）认为，生产组织方式经历了从简单生产组织方式、大机械化生产组织方式到柔性化生产组织方式的变化；张慧、杨杨（2007）认为，汽车产业的生产组织方式随着技术进步和市场需求的变动发生了三次革命性的变迁，即工艺生产方式（单件生产方式）、大量生产方式（流水线作业）和精益生产方式。唐振龙（2006）和汪亚青、许小青（2016）认为，生产组织方式经历了从“单件小批量生产——→大规模标准化生产——→大规模定制化生产——→大范围个性化生产”的演进过程。

综合上述学者的研究，我们将生产组织方式的发展过程划分为三个阶段：小批量工艺化生产方式、大规模标准化生产方式和大范围柔性化生产方式。

一、小批量工艺化生产方式

1913 年福特建立生产流水线之前的生产方式被称为小批量工艺化生产方式。小批量工艺化生产方式经历了漫长的历史时期，又可以大体分为两个阶段：手工劳动生产方式和机械化生产方式。

小批量工艺化生产方式具有以下特点：

（一）技术水平

在小批量工艺化生产方式阶段，生产的技术水平相对比较低下，生产工具相对比较简单，劳动者与生产工具的结合以劳动者为主，生产工具是劳动者劳动功能的延伸。在手工劳动生产阶段，生产工具非常简单，生产完全以劳动者为中心，生产工具只起着辅助作用；随着机器的出现，生产工具开始替代人的某些劳动功能，生产工具在生产过程中发挥着越来越重要的作用。

（二）劳动者及劳动方式特征

小批量工艺化生产方式阶段，劳动者和生产工具的结合以劳动者为主，劳动者的主观能动性对于生产效率、产品或服务质量等具有重要作用，劳动方式灵活多变，劳动者可能要从事多个工种，劳动者要遵守的工作规范相对较少，工作中有较多的选择自由。这种劳动方式对于劳动者的素质和技能有较高的要求，素质和技能不同的劳动者的生产效率有很大的差别；劳动者素质和技能的提高方式除了一般的教育和培训外，师傅对徒弟的言传身教也起着重要的作用。劳动方式的这种特点，以及对于劳动者素质的较高要求，正是这种生产方式被称为工艺化生产方式的原因。

（三）社会分工和生产组织体系

相对而言，小批量工艺化生产方式阶段的分工体系和生产组织体系都比较简单。在漫长的手工劳动生产阶段，生产组织形式包括氏族、家庭（奴隶主庄园、封建主庄园、自耕农家庭、手工业作坊）等，生产规模较小，生产单位内部分工比较简单，生产过程的组织不太严密，随意性较大；企业的出现使得生产单位内部开始出现真正意义上的分工并不断细化。随着机器的使用，人们开始围绕着机器进行生产，企业成为生产的主要组织形式，基于机器快速运转的需要，生产组织体系变得更加严密，企业制定更为严格的规范，以保证生产的有序进行。

（四）产品特点及对消费需求的满足

由于生产组织规模较小，每个生产单位生产产品的数量较少，对于同种产品，由于不同生产单位的生产资料和生产工艺上的差异，产品也具有一定的差异性。因此，小批量工艺化生产方式阶段产品种类较多，产品差异性较大。由于生产工具落后、生产组织体系较为随意，产品的质量不够稳定，产品生产成本高，且成本不会随着生产规模的扩大而降低。在满足消费需求方面，从整个社会的角度来看，由于产品种类少、价格高，消费者的需求难以得到很好的满足，人们生活水平低；而从某一产品生产的角度，由于生产工艺的灵活性，生产者可以随时对生产过程进行调整，对产品进行优化，以更好地满足消费者的需要。

二、大规模标准化生产方式

随着1913年福特建立“流水线”生产“T”型车，生产组织方式进入了大规模标准化生产方式阶段。

大规模标准化生产方式具有以下特点：

（一）技术水平

机器体系由蒸汽机器体系进入电气机器体系，机械化生产也步入了新的阶段。先进的技术为大规模和标准化生产奠定了基础：合金切割工具、电力传输装置以及多功能机床在加工业中的普及为机器生产机器提供了技术支持，其中，金属预热翘曲变形（过去零件不能标准化的祸根）问题的解决实现了汽车零部件的标准化和统一性；汽车零部件通用性、互换性的加强减少了使用零件的数量，而且简化了组装过程，节约了装配时间（张慧、杨杨，2007）。

（二）劳动者及劳动方式特征

在大规模标准化生产方式阶段，劳动者和生产工具的结合以生产工具为主，企业按照要求建立起生产线，然后配上合适的劳动者。劳动者的操作被极大地简单化和标准化，对工人专业技能的要求因而急剧下降，大大减少了对高工资、技术熟练的装配工人的需要，在降低成本的同时也扩大了雇佣劳动的挑选范围，同时，工人的工作变得简单易行，减少了出错的概率，提高了产品的质量（张慧、杨杨，2007）。此外，生产过程对于工作纪律、工作程序的遵守有较严格的要求，任何一个生产者出错，都会导致整个生产线的运行出现较大的问题。生产过程严密、规范和高速运行，劳动者高速而简单的操作，使得劳动者的工作强度大，工作过程枯燥，不利于劳动者保持良好的精神状态和全面发展。生产的高效进行，产品被大量生产出来，对于营销等工作也提出了较高的要求，因此，生产线之外，产生了对于行政、商务、后勤等办公室人员的大量需求，他们的工作条件和工作环境比生产线上的工人要好得多。生产线工人和办公室人员的大量需求推动了职业教育和高等教育的发展。

（三）社会分工和生产组织体系

大规模标准化生产方式以高度发达的劳动分工作为基础：通过分工的细化，将生产任务和操作分割为最小单元，即使各项任务和操作极端简单化，又为各项任务组合成连续、高效的生产过程奠定了基础；在生产过程之外，辅助和服务体系同样分工明确且高效，从而形成了从原料采购、产品设计、零部件和组装件生产制造、产品组装，直至最终产品销售甚至包括售后服务的体系。

为保证生产流水线的高效运转，被称为“福特制”的高效管理体系也建立起来，包括权力高度集中、垂直管理、等级分明的组织结构，刚性、严格的工作规范、制度和纪律。

（四）产品特点及对于消费需求的满足

大规模、标准化、严格和高强度的生产方式生产出标准化、可靠的产品，并使得生产效率得到了很大的提高，极大地降低了生产成本。同时，因为追求生产规模和效率，使得产品品种较为单一；单一性的产品难以满足消费者多样化的需求。而从整个社会的角度看，大规模、标准化生产方式大大提高了劳动生产率，提高了工人收入，从而提高了工人的消费水平，推动了高产量、高收入和高消费之间的良性循环。

三、大范围柔性化生产方式

大规模、标准化生产方式推动了生产和消费的巨大进步，但随着社会生产力的发展，其单一性产品难以满足人们多样化需求的局限性日益显现，企业家开始对大规模标准化生产方式进行创新修正。经过精益生产方式（丰田制），最终被称为温特制的新的大范围柔性化生产方式出现了。

大范围柔性化生产方式具有以下特点。

（一）技术水平

技术进步是推动大范围柔性化生产方式出现的最重要的力

量。“温特制”（Wintelism）这个词就是以高科技企业微软的Windows（视窗）和英特尔的Intel（芯片）组合而成的。温特制以信息技术的进步为基础，微软公司和英特尔公司本身就是信息产业企业。传感技术、计算机技术、通信技术和控制技术、软件、互联网等技术的发展，极大地推动了企业决策系统、信息系统、控制系统的优化及自动化；人工智能技术的发展更为这些系统的提升提供了源源不断的动力。

（二）劳动者及劳动方式特征

随着信息技术和人工智能等先进技术的发展，重复性劳动被大量替代，物质生产过程的自动化程度较高。生产过程对于劳动者的创造力及其他素质要求较高，并不过分要求劳动过程的高度规范化和程序化。因此，大范围柔性化生产方式的劳动过程比较自由灵活，对工作时间、劳动方式等多采取更加灵活的安排。在教育和培训过程中，注重培养劳动者的创造性和综合素质。

（三）社会分工和生产组织体系

如果说大规模标准化生产是以企业内高度分工为基础，那么大范围柔性化生产方式的建立则是以企业内外的高度分工，尤其是企业外高度发达的分工体系为基础建立的。温特制通过技术标准的确立和推广，通过模块分解和模块集中，把企业非核心竞争优势的业务外包给独立的最优秀的专业公司，形成生产各个环节生产商之间配合和协作的生产网络。与大规模标准化生产方式建立起垂直型一体化企业以获得规模经济相比，大范围柔性化生产方式通过大量的、功能各异的不同模块间的灵活组合与模块化企业的集聚，实现了个体生产的专业化和群体生产的规模经济与范围经济。对每个企业而言，为了满足多产品、个性化和多样化的需求，企业在系统结构、人员组织、运作方式和市场营销等方面进行改革，建立弹性生产体系，在同一条生产线上通过设备调整完成不同品种的批量生产任务。

（四）产品特点及对消费需求的满足

大范围柔性化生产方式正是适应消费需求向个性化和多样化方向发展而出现的，因此能够更好地满足客户和消费者的多样化需求。同时，由于实现了生产过程的高度分工和专业化发展，充分利用技术系统和模块化设计的思路，以及柔性化的生产方式，使得能够同时获得规模经济效益和范围经济效益，企业能够以相对较低的成本满足消费者多样化和个性化的需求。

四、生产组织方式的发展趋势

深入考察生产组织方式的发展过程，除了技术进步和分工发展推动以及追求更高生产效率的特点外，生产组织方式的变革还具有以下特点：

第一，生产的消费导向性越来越强。在小批量工艺化生产方式阶段，手工生产虽具有灵活性和人性化的特点，但满足消费的能力受到生产能力的强烈制约，效率导向的大规模标准化生产方式在提高人们消费水平的同时也存在产品单一等局限性，消费者追求更高程度的需求满足最终迫使企业进行个性化甚至定制化的生产。

第二，生产的社会网络化程度越来越高。在工艺化生产和标准化生产阶段，企业专注于提高生产效率，通过市场采购所需的竞争性的投入品，随着产品多样性和复杂性的大幅提高，企业只能做好核心模块的生产，大量供应品采用外包的方式，从而形成复杂的供应链体系，随后又进一步形成网络化、立体化的生产供应体系。生产组织方式所关注的企业内部的要素配置问题仅仅是生产体系的一个组成部分。

第三，生产、配给等系统对于灵活性、应变性的要求越来越高。需求的多样性和多变性以及生产网络的复杂性迫使企业采取灵活、快速反应的决策和执行机制，企业对于信息系统、决策支持系统、监督系统的要求越来越高。

第四，随着技术的进步，生产及其他系统的自动化程度会越来越高，重复性劳动和程序性劳动逐渐被人工智能替代，这正是生产系统迅速满足消费者丰富多彩的个性化需求、提高生产效率、提高生产的社会网络化程度、提高生产系统灵活性和应变性的基础。

随着信息技术和人工智能技术的发展，生产的自动化程度将不断发展，生产效率不断得到提高，生产及其他系统的反应、灵活性将保证其迅速完成各项任务，这样，生产组织方式就将发展成定制型自动化生产方式：消费者可以在一定标准下定制自己需要的产品，信息系统将经过综合处理的消费者产品定制信息发给生产系统，生产系统迅速安排好生产能力并生产出产品，配送系统将产品配送给定制的消费者；因为高度的自动化，所有系统都能够在较短的时间完成相应的任务。

第三章　人工智能的本质特征和发展趋势

按照生产组织方式理论，技术进步是决定生产组织方式变化的最重要的动力。从根本上说，技术进步决定了生产组织方式变化的基本趋势，从而决定了生产过程中生产资料和劳动力的配置比例及结合方式。从另一个角度，人工智能能够在多大程度上取代人的劳动，取决于与人类智能相比，人工智能能够做什么和不能做什么，即要准确把握人工智能和人类智能的本质区别。

第一节　人工智能与人类智能的区别

一、人工智能和人类智能的本质区别

对人工智能和人类智能的本质区别，我们需要从人的本质出发进行研究。人的本质是一个极为复杂的问题，认识人的本质问题需要借鉴和总结学者们尤其是马克思对于人的本质的研究成果。

学者们对于人的本质问题有较多研究，虽然他们的观点并不完全一致，但不可否认的是，各位学者从不同的角度研究了人的本质

问题。从探讨人工智能对于人类智能替代的角度，单从某一个角度出发认识人的本质有可能失之片面，我们从比较宽泛的角度，争取全面把握人的本质特点的不同方面。人首先是由细胞、组织、器官等组成的具有生命的生理系统，在此基础上形成了人独有的精神系统和精神过程：作为有意识的生命主体，人感知世界，产生心理活动，形成心理反应（情感），进行思维，形成认识和思想；同时，人及其精神系统是在劳动实践中形成和发展的，人在生产及交往过程中形成的社会关系反映到人的精神系统，建立具有价值取向的道德体系和知识体系；换言之，人具有生命、意识、思维、思想、情感和道德。总之，人是生理系统和精神系统的统一体，即人具有生命和精神性（灵魂）。

不从功能的角度看，人工智能和人类智能根本没有可比性，人工智能只是一种技术，本质上和其他技术是一样的。但如果从功能和作用的角度看，人工智能的快速发展又使其在很多方面超越了人的能力，而且随着人工智能能够承担的功能的种类越来越多，人们终将需要面对这样的问题：未来人工智能在能力和功能上是否会与人一样，甚至超越人的能力和功能？这回过头来又迫使人们重新思考：人工智能和人类智能的本质区别到底是什么？

对于人工智能是什么，学者们已有较多研究，很多学者都对人工智能下过定义。

美国斯坦福大学人工智能研究中心尼尔逊教授（1998）认为：

人工智能是关于知识的学科——怎样表示知识以及怎样获得知识并使用知识的科学。美国麻省理工学院的温斯顿教授（2001）则认为：人工智能就是研究如何使计算机去做过去只有人才能做的智能工作。麦卡锡等（2006）将人工智能定义为可模拟具有可描述的学习特征和智能化特征的机器。

我国学者对于人工智能的定义也有一定探索。蔡自兴、徐光祐（1996）认为，人工智能是用机器来模仿和实现人类大脑的某些智力功能。朱祝武（2011）认为，人工智能就是研究怎样用技术的方法在计算机上模拟、实现和扩展人类的智能活动。腾讯研究院等（2017）认为，人工智能是研究、开发用于模拟、延伸和扩展人的智能的理论、方法、技术及应用系统的一门新的技术科学。中国电子技术标准化研究院（2018）认为，人工智能是利用数字计算机或者数字计算机控制的机器模拟、延伸和扩展人的智能，感知环境、获取知识并使用知识获得最佳结果的理论、方法、技术及应用系统。李开复、王咏刚（2017）指出，历史上，人工智能的定义历经多次转变，直到今天，被广泛接受的定义仍有很多种，具体使用哪一种定义，通常取决于我们讨论问题的语境和关注的焦点。李开复、王咏刚（2017）总结整理了 5 种历史上有影响的或目前仍流行的人工智能的定义：人工智能就是让人觉得不可思议的计算机程序，人工智能就是与人类思考方式相似的计算机程序，人工智能就是与人类行为相似的计算机程序，人工智能就是会学习的计算机程序，人工智能就是根据对环境的感知、做出合理的行动并获得最大收益的计算机程序。

根据上述学者对于人工智能内涵的界定，笔者认为，人工智能是按照一定规则运行的计算机程序，它依附于计算机等电子设备，由一系列的数据、指令等组成，它没有生命；人工智能的出现、运行和发展等都是在人的控制之下，它无法产生自我意识；当然，人工智能也无法产生建立在生理系统基础之上，反映劳动过程及社会关系内容的思想、情感和道德。从本质上说，人工智能就是人创造或制造的技术体系和生产工具体系，属于与劳动者相对应的劳动资料的范畴，能够在劳动过程中实现一定的功能。它无法像人那样具有精神性（灵魂），这是人工智能与人类智能的本质区别。

二、人工智能和人类智能在学习方面的区别

（一）人工智能具有“智能”的基础：会学习

人工智能作为一种技术，之所以能被冠以“智能”二字，就是因为它对于人类智能的模拟甚至替代，正如上述李开复、王咏刚（2017）提到的“让人觉得不可思议的”、“与人类行为相似的”、“根据对环境的感知、做出合理的行动并获得最大收益的”等界定。事实上，人工智能并不是人类历史上产生的第一种自动化技术。人类通过制造和使用劳动工具，实现了人的身体的劳动功能部分地向生产工具转移；机器的出现、应用和发展很大程度

上取代了人体运动系统（骨骼系统和肌肉系统的总和，包括手）的劳动功能（王师勤，1986）；自动机床的发明和使用推动了生产工艺过程的自动化，新型控制系统以及自适应控制设备与质量控制系统的发明和创立使得建立自动生产线成为可能（库兹涅佐夫等，1983）；电子计算机（包括应用软件）的发明和发展使得能够建立生产自动化控制系统，为自动工厂的出现奠定了基础。

人工智能与别的自动化技术有很大的不同，达到了能够模拟甚至拓展人的智能从而真正意义上替代人的某些功能的程度。从来没有一种技术能够像人工智能这样接近于具有人脑的某些功能，从某种程度上说，人工智能已经成为像人一样能某种程度上控制生产过程的主体。之前的自动化技术，以机械、电气、电子装备或计算机软件为基础，按照设定的程序进行自动化生产。表面上看，人工智能以计算机等电子设备和软件等作为基础，由一系列的数据、指令等组成。但正如李开复、王咏刚所说，人工智能是“会学习的计算机程序”。人工智能是一个极为复杂的系统：结构化地表述人工智能，它包括基础设施层（硬件/计算能力、大数据）、算法层（机器学习、深度学习）、技术层和应用层（腾讯研究院等，2017）。其中，机器学习是指利用算法使计算机能够像人一样从数据中挖掘出信息（腾讯研究院等，2017），它是计算机系统通往智能的技术途径；更进一步说，机器学习致力于研究如何通过计算的手段，利用经验改善系统自身的性能，其根本任务是数据的智能分析与建模，进而从数据里面挖掘出对人类有价值的信息（李德毅，2018）。正是由于人工智能会学习，使得它能够与人类行为相似，能够根据对环境的感知做出合理行动并获得最大收益；正是由于人工智能与人类一样具有学习能力，使得人工智能具有了超越以前自动化技术的能力，具有接近于人类智能的能力。

（二）人工智能学习与人的学习的比较

人工智能“会学习”，使人工智能与以前的自动化技术区别开来。但人工智能会最终达到人类智能的高度，从而完全替代人类智能吗?

要对人工智能和人类智能的学习进行比较，我们需要从人的学习出发进行研究。学术界对于人的学习问题的研究有较长的历史，已从不同的角度探讨了人的学习的特点：行为主义认为学习是外显行为改变的过程（塑造外显的行为），认知主义认为学习是知识的获取和组织，人本主义则认为学习是自我激发、自我促进、自我评价和丰满人物形成的过程，建构主义认为学习是学习者主动建构内部心理表征的过程。随着科学技术尤其是脑科学的发展，人们得以对大脑的学习机制进行深度、直接的观察，关于学习进程和机制的观点与事实正得到证实，包括：作为完整的生命系统，情感、情绪、身体、生理等共同参与到学习过程并对学习产生系统化的影响；人的心理发展与思维发展依托于人所处的社会文化环境；人的学习是知行交互的情景化学习过程；等等（吕林海，

2013）。总结学者对于人的本质、人的学习的特点，以及人工智能的特点的研究，我们可以对人的学习和人工智能的学习进行比较（见表3－1）。

表3－1　人的学习和人工智能学习的比较

	学习基础	学习主体	学习方式	学习内容	学习实质
人的学习	人的生命系统	以人为中心的主动学习	多样性	范围无限	无规则学习
人工智能的学习	硬件、数据、算法	人控制下的被动学习	单一性	范围有限	有规则学习

1. 学习基础

人的学习以人的生命系统作为基础，包括人的生理系统和精神系统，人的整个身体都会参与到学习的过程中，人的感觉系统、神经系统等是学习的物质基础，建立在生理系统之上的人的意识、感情、思维等对于学习同样必不可少。人工智能的学习以人制造的硬件、建立的数据、创建的算法为基础，其中：硬件是人工智能学习的物质基础，硬件直接决定了人工智能学习的能力；数据是人工智能学习的素材，人工智能利用数据进行分析和建模，进而从海量数据中挖掘出有用的信息，或者说是对已有数据进行分析和总结，从而概括出规律，数据的数量同样是决定人工智能学习能力的重要因素；算法是人工智能学习的关键和枢纽，是人工智能学习和对数据进行处理的工具，是反映人工智能学习能力的标志。

2. 学习主体

人的学习主体是人本身，人的学习是个人的主动行为，其他人只能对每个个体的学习提供帮助，且帮助的效果取决于个体对于这种帮助的接受程度。表面上看，人工智能的学习是人工智能对数据进行处理从而获得结论的过程，但实际上，人工智能学习的硬件、算法和数据都是人提供的，因此，人工智能的学习不过是人制造的人工智能系统进行数据处理的过程，这种学习是一种被动的学习，学习的物质基础、逻辑、框架、规程、素材都是人创造和规定的。简言之，人工智能的学习是在人的控制之下的被动学习。

3. 学习方式

人的学习方式多种多样，学习途径包括阅读、听讲、观察、研究、实践等。学习可能是有意识的，也可能是无意识的；可能是别人教授的，也可能是自己的体验；可能遵循别人教导的学习规则和方法，也可能是遵循自己建立的学习规则和方法；学习和思考可能遵循一定的逻辑过程，也可能是跳跃式、无规则甚至是混乱的过程……与人的学习方式相比，人工智能的学习方式相对单一，虽然算法的种类较多，但也是有限的，一旦人为某个人工智能系统规定了算法，其学习模式就已经确定，人工智能就无法学习模式之外的东西。

4. 学习内容

人的学习内容极为丰富多彩，学习的范围不受限制，每个个体都可以自由选择学习的内容。从总量上看，一个人学习的知识总量和范围是有限的，但从人学习内容选择的自由度和学习范围向任何方向突破的可能性来看，人的学习内容又是无限的。人工智能的学习范围和内容则是有限的，一旦硬件、数据和算法确定，人工智能系统只能按照一定的程式来处理数据，得出相应的结果。当然，人工智能系统，包括硬件、数据和算法可以改进或增加，但改进或增加的主体却是人，这体现的恰好是人在学习内容上的不受限制性。

5. 学习的实质

经过上述分析可以看出，人的学习是建立在人的生命系统基础之上，完全按照学习者自己的意愿和目标进行学习（别人只能提供帮助）；人利用各种途径获得知识，学习方式多种多样；学习的内容涉及各方面的知识，从学习潜力及学习范围扩展的角度，人的学习没有任何限制；这种没有范围、途径、方式限制，不受外在控制的学习可以被称为“无规则学习”。人工智能的学习以人制造、创建的硬件、数据和算法为基础，在人设定的逻辑、框架、规程下进行学习，学习过程在人的控制之下进行和调整，人工智能获得、处理数据有一定的范围和界限，这种被人类规定了范围、方式、路径的学习方式可以被称为“有规则学习”。

三、人工智能与人类智能的功能区别

与人类智能相比，人工智能不具有精神性（灵魂），只能进行有规则学习，这最终导致人工智能在功能上的局限性，人工智能永远无法拥有跟人完全一样的功能。人工智能和人类智能的功能区别如表3－2所示。

表3－2　人工智能与人类智能的功能区别

	是否能进行实质精神交流	是否有创造性	功能范围
人类智能	能	有	全功能
人工智能	不能	无	多功能

（一）人工智能能否进行实质精神交流

正如前述，人工智能和人类智能的本质区别是人有精神性（灵魂），而人工智能不具有精神性（灵魂）。因此，每个人都可以向别人表达感情，理解对方的感情表达，向对方反馈自己的感情；每个人都可以通过各种方式传递、接受、理解审美、认知等精神表达。简言之，人与人之间可以进行充分、真正的精神交流，而人工智能本质上是一种技术体系和工具体系，本身并不具有自我意识，不具有精神性。所以人工智能之间、人工智能与人之间不能进行真正意义上的精神交流。

当然，由于人工智能具有学习能力，能够模拟人的智能，具有识别、认知、分析、预测等能力，因此，人工智能能够一定程度上识别、判断、模拟人的情感表达等，未来人工智能在这方面的功能必将进一步加强。例如，人工智能未来可能可以根据人的语言（包括语气等）、面部表情、肢体动作等来识别人的情感需求、情感状态等，并据此给予对方需要的情感表达（机器人甚至能够给予人以肢体的情感表达，如拥抱等），从这个角度看，人工智能能够部分满足人的情感需求，如帮人按摩、陪人聊天等。

为了更好地实现机器系统的智能化，学者们正研究赋予计算机情感能力，以便制造出感知、识别和理解人类情感的机器系统。来自美国麻省理工学院媒体实验室（The MIT Media Lab）的皮卡德（Rosalind Picard）教授创造性地提出了“情感计算”的概念，并将其界定为与情绪相关的、由情绪引起或有意影响情感的计算（刘光远等，2014）。随着硬件的发展和算法的进步，有理由相信，人工智能在感知、识别和理解人类情感上具有越来越强的能力。但人的情感与人工智能的情感是两种情感系统，其理论机制完全不同（王峰，2019）。人与人工智能的交流只是一种人机对话，跟人与人之间的交流是截然不同的：从量上看，人工智能永远无法有人那么丰富的感情表达、感情内容和情感体验；从质上看，人工智能自身没有情感，所以从根本上说，人与人工智能的“情感交流”是单向的，只是人的情感表达、向外传递的过程，人工智能不能向人传递真正的“情感”，所以没有真正意义上的“交流”。虽然随着人工智能技术的发展，人工智能在情感识别和模拟情感交流方面也将取得巨大的进步，在满足人的情感需要方面大有可为，但它永远无法实现质变。其他精神交流方面，人工智能也无法与人进行双向的真正意义上的沟通和交流。

（二）人工智能是否具有创造性

人工智能或人类智能是否具有创造性，与其学习的性质和方式有关。人的学习属于无规则学习，学习的范围、途径、方式等没有任何限制，学习具有很强的主观能动性，学习过程不受外在控制，学习过程中除了学习、接受知识外，还可以进行思考、顿悟，从而创造出新的知识或产品，即人具有创造性。人的创新包括创造新的知识、发明新的技术、创造新的产品等。任何一种创新都需要熟悉掌握相关领域已有的知识、信息等，掌握创新的方法，进行创造性的思维，在某些领域实现突破，从而产生以前没有的新的知识、技术或产品等。这个创新过程是极其复杂的，需要运用到不确定领域的各方面知识，需要运用人的众多性质不同的能力，思维过程必定包含了理性的、合乎逻辑的推理、演绎、概括、综合等过程，也必定包含了跳跃性的、奇思妙想的、头脑风暴的、顿悟的等思维过程。现在看来，这个复杂的过程只有具有生命的人才能完成。

人工智能的学习是被人类规定了范围、方式、路径的“有规则学习”。从实质上看，人工智能是对信息、数据和知识进行处理和挖掘的过程，虽然相比于以前的按照设定程式运行的自动化技术，智能化水平有了很大提高，但人工智能学习和输出的结论都包含在已有的信息、数据和知识中，并未产生真正意义上的新信息和新知识。可能有人会说，人工智能从已有的纷繁、杂乱、浩如烟海的信息、知识中总结和挖掘出规律，就是一个认识规律的过程，就是一个创造、创新的过程。这种说法不无道理，但这样的“创新”应该就是人工智能的极限了，与人的创新是有重大区别的：人的创新是开放性的，创新的程度和范围是无限的，而人工智能的“创新”是封闭的，“创新”的程度和范围是有限的；人工智能在人设定的目标、功能的范围之内进行工作，无法做目标、功能范围之外的事情。总之，从本质上说，人工智能不具有真正意义上的“创造性”。

（三）多功能和全功能

任何生产过程都包含众多性质不同的操作，就执行每项操作的具体工具而言，其功能是单一的。随着技术进步和生产组织方式的发展，人们将众多简单的操作连接在一起，组成复杂的、能完成众多功能的工具体系；随着信息技术的发展，工具体系能够离开人而完成生产过程，工具体系的多功能化将得到进一步发展。人工智能通过模拟人的识别、认知、信息收集和处理、分析和决策等能力，并与机器体系相结合，或建造由仿生元件组成并具备运动特性的机器人，使得生产工具体系具有更强的适应性，以人工智能为核心的生产工具体系进一步向多功能的方向发展。换句话说，人工智能体系能够将更多的子系统整合在一起，能够建造功能更多、适应性更强的工具体系。就人工智能系统自身而言，由于其本身的智能化特点，它自身能够承担的功能种类也会越来越多。从另一个角度，人工智能和以其为核心的工具体系的功能种类是有限的，随着技术的进步和系统的发展，其功能可以做一些拓展，但其功能拓展的范围和种类是有限的。人工智能的这种有限的“多功能性”与其“有规则学习方式”紧密相关，人工智能系统一旦确定，其学习模式等就已经确定，人工智能的功能也就大体确定，其发展优化的方向仅限于功能在一定程度上进行拓展，系统更加完善，但该人工智能系统无法承担性质不同的其他功能。

人类智能的复杂性远非人工智能所能比拟。在神经系统的控制之下，配合人的骨骼、肌肉系统等，人能够完成难以计数的各种任务、行为，应对数不清的问题；从理论上说，人类智能的功能种类是有限的，但由于其难以计数而且可进一步扩展其范围，又可以认为人类智能的功能具有无限性，具有“全功能”的属性。人类智能的“全功能”属性与其“无规则学习方式”紧密相关。在一定的时点上，每个人能够承担的功能种类虽然多到难以计数，但从理论上来讲肯定是有限的；从长期的角度，人的无规则学习使其能够学习新的知识并进行创新，从而可以承担新的功能；人承担新功能的数量虽然是有限的，但要承担什么新功能以及人的功能拓展的方向却充满无限的可能性。

第二节 人工智能的发展趋势

一、弱人工智能、强人工智能、超人工智能

关于人工智能发展趋势的研究，最普遍的看法是将人工智能的

发展划分为弱人工智能、强人工智能和超人工智能。[①]

（一）弱人工智能

弱人工智能也称限制领域人工智能（narrow AI）或应用型人工智能（applied AI），指的是专注于且只能解决特定领域问题的人工智能。当前我们所看到的所有人工智能算法和应用都属于弱人工智能的范畴。AlphaGo 就是弱人工智能的范例，它在围棋领域战胜了人类最顶尖的选手。但我们也知道，AlphaGo 的能力仅限于下围棋的步骤，之外的任何工作它都无法承担，甚至包括摆放棋子等工作。

（二）强人工智能

强人工智能又称通用人工智能（artificial general intelligence）或完全人工智能（full AI），指的是可以胜任人类所有工作的人工智能，人可以做什么，强人工智能就可以做什么。鉴于该定义过于宽泛、模糊，缺乏量化的标准来评估什么样的计算机程序才是强人工智能，研究者们提出了不同的标准，最为流行、被广为接受的标准是“图灵测试”。

一般认为，强人工智能大概具备以下几方面的能力：

（1）存在不确定因素时进行推理，使用策略解决问题、制定决策的能力；

（2）知识表示的能力，包括常识性知识的表示能力；

① 本书介绍弱人工智能、强人工智能和超人工智能的观点和资料来自：李开复，王咏刚．人工智能［M］．北京：中国文化出版社，2017：112－116.

（3）规划能力；

（4）学习能力；

（5）使用自然语言进行交流沟通的能力；

（6）将上述能力整合起来，实现既定目标的能力。

对于强人工智能是否具备人类的意识，学者们存在争议。有学者认为，只有具备人类意识的人工智能才叫强人工智能；另一些学者则认为，强人工智能只需要具备胜任人类所有工作的能力即可，不一定需要人类的意识。

（三）超人工智能

假设计算机程序通过不断发展，可以比世界上最聪明、最有天赋的人类还聪明，那由此产生的人工智能系统可以被称为超人工智能。牛津大学哲学家、未来学家尼克·波斯特洛姆（Nick Bostrom）在《超级智能》一书中将超人工智能定义为："在科学创造力、智慧和社交能力等每一方面都比最强的人类大脑聪明很多的智能。"与弱人工智能和强人工智能相比，超人工智能的定义非常模糊，可能更多的是一种猜测、预测或幻想。事实上，没有人知道超越人类最高水平的智慧到底会表现为何种能力，强于人类的智慧形式将是怎样的一种存在，甚至我们根本无法准确推断，计算机程序到底有没有能力达到这一目标。

毫无疑问，关于强人工智能和超人工智能的界定不过是学者的预测，这些预测是否正确，还需要实践的检验。

二、人工智能的发展趋势

对于人工智能及其功能的评价，虽离不开“人”这样一个参照标准，但完全以和人一样甚至超越人的能力为标准来评判人工智能及其发展则没有太大意义。

（1）人不可能去创造具有生命（由细胞、组织和器官组成）、精神系统、主动学习能力和全功能的人工智能系统，这相当于创造另一个“人类”，这不仅仅是违背价值伦理等的问题，更是直接置人类于危险之中。

（2）人是否能制造出不具有生命（由硬件和软件组成）、与人一样具有全功能甚至完全超越人类能力的人工智能系统？首先，这个问题本身就是个悖论，既然人工智能不具有生命，那就不是和人一样的“系统”，也就意味着它并不像人一样具有“全功能”的属性；其次，创造不具有生命但具有“全功能”的人工智能系统在技术上应该是不可行的，正如我们一再强调的，人具有“全功能”的属性，现在看来，获得这种“全功能”的前提是“无规则学习方式”和人的生命系统；最后，人创造不具有生命但具有“全功能”的人工智能系统是没有必要的，从任何角度看，人工智能系统都只是人类实现一定功能的工具和手段，经济性是人类制造、获得工具要考虑的最重要的因素之一，人类没必要建造极为复杂、昂贵的“全功能”的人工智能系统，根据需要建立适用、高性价比的人工智能系统是更加现实的选择。

人工智能系统从本质上说是一种技术，其运用于生产经营过程就是工具系统。人类利用技术和工具系统是为人类服务的：从生产过程的角度看，人工智能系统能够提高生产效率，降低生产成本；从生产的目标看，利用人工智能系统能够生产出更好满足人们需要的产品；从人与技术的关系的角度看，利用人工智能系统能够减轻人的工作负担，甚至替代人的劳动。如前所述，自从生产工具出现，就实现了人的身体的劳动功能部分地向生产工具转移，生产工具的发展一直在推动替代人的劳动功能。利用生产工具替代人的劳动功能，需要在推动分工发展的基础上尽可能使工作过程中的具体操作简单化，将每一步简单的操作利用工具或机器来完成。只具有单一功能的工具通过一定方式（如流水线）连接起来，整个工具系统就能够承担更多功能不同的工作，从而更大程度上替代人的劳动。在技术进步的推动下，生产工具系统一直沿着功能越来越多样化的方向向前发展。

生产工具系统功能的多样化也有一定的限制：

（1）工作程序规律性的限制，即工作过程和程序已经事先设计好，操作按照设定的程序和步骤进行，不能承担程序设定之外的工作和功能；

（2）空间范围的限制，即生产工具体系设置在固定的空间范围内，工作和操作不能超越设定的范围；反过来说，生产涉及的范围越大，实行自动化生产的难度就越大；

（3）不同性质工作或操作的数量的限制，即同一个相对独立的机器或工具系统能从事的性质不同的工作的数量是有限的。

信息技术和人工智能的发展为工具系统的进一步多功能化奠定了基础：信息传输效率大幅提高，计算机和软件能够方便设定工具运行的程序和步骤，尤其是人工智能具有学习能力，能够模仿人的智能，因此，以人工智能为核心的工具系统能够承担更多的性质不同的工作或操作，并且能够根据情势的发展采取相应的措施，而不仅仅是根据事先设定的程序进行常规操作，也因此，生产工具系统能够在更大的范围内应对更复杂的工作环境，适应更多的工作情景。随着人工智能硬件的进步和算法的发展，人工智能在向类人智能的方向不断前进，推动工具系统向功能更多、适应性更强的方向发展。

考虑到技术的局限性以及成本等因素，人工智能的功能并不需要向“全功能”的方向发展。从功能“多”的角度看，相比现在已有的生产自动化技术，以人工智能为核心的工具系统应该能够实现以下目标：第一，一定范围内突破工作程序规律性的限制；第二，一定范围内突破空间的限制；第三，能够承担数量较多的性质不同的工作或操作。换句话说，人工智能的多功能化方向应是在一定领域内的“全功能化”，即在一定领域内让人工智能能够承担尽可能多的功能，从而在该领域内实现真正意义上的生产的自动化或无人化。

当然，由于其局限性，人工智能并不能在所有的领域内真正替代人的劳动。人工智能不具有生命、精神性（灵魂），它没有真正的创造性，也不能进行真正意义上的精神交流。创新有程度上的不同，基于人工智能具有学习能力，对原有工作、学习、服务程序和模式进行一定程度上的突破是可以实现的。例如，人工智能能够从已有数据、事实中挖掘出规律，这在一定程度上可以算是创新，但无论如何，受制于其有规则学习方式，人工智能无法实现革命性、根本性的创新。人工智能可以学习、识别、模拟人的感情、精神表达，因此能一定程度上满足人的情感和精神需要，但由于人工智能本身没有情感和精神性，所以人工智能和人之间不可能存在真正意义上的、双向的情感和精神交流。基于各种重复性、程序性劳动被人工智能广泛、大量替代，而人又只有在工作中才更能实现自己的价值，社会也不宜鼓励大量制造与人进行情感和精神交流的人工智能系统。

第四章　消费需求的种类、满足过程及发展趋势

根据生产组织方式理论，消费需求是人工智能发展背景下生产组织方式变化、就业人数及就业结构变化的重要影响因素。一直以来，技术进步都在推动生产工具体系替代人力的进程，该进程同时受人的消费需求变化的推动和制约：一方面，人的消费需求的发展变化引领生产的方向，引领生产要素流动的方向；另一方面，即使技术上能够实现，某项工作或服务是由人力还是由工具体系完成或提供，取决于人的需要。

第一节　消费需求的分类及满足过程

一、消费需求的分类

（一）消费需求的内涵

需求是指在其他因素不变的条件下，消费者一定时期内在各种可能的价格水平愿意并且能够购买的该商品的数量；需求必须是消费者具有购买欲望又有购买能力的有效需求（高鸿业，2020）。人的

需求是具体、现实和丰富多彩的，人们一直在追求更高的需求满足程度：从量的角度看，人们希望可选商品的种类越来越多，获得更大的选择自由，从而能选到最适合自己需要的产品和服务；从质的角度看，人们希望可以获得更全面、更好的消费满足，消费过程更加简便，操作更加简单，获得同等满足程度的情况下成本更低。在某一时点上，社会提供的商品质量、种类、数量是一定的，全社会获得的消费需求的满足程度也是既定的，要在这个基础上提升需求满足程度，需要社会生产出更好的产品，或者说需要新产品和新服务的出现。

（二）马斯洛对需求（需要）层次的划分①

人们的消费行为受其内在的动机（欲望、需要）或外界刺激所驱动。马斯洛认为人的需要包括生理需要、安全需要、归属和爱的需要、尊重的需要、认知的需要、审美的需要和自我实现的需要等7个层次。

马斯洛主要用“体内平衡”的概念来定义人的生理需求。“体内平衡”指的是身体维持血流的经常的正常状态的一种无意识的努力，维持体内平衡血液需要有合适的水含量、盐含量、糖含量、蛋白质含量、脂肪含量、钙含量、氧含量、恒定的氢离子标准、血液的常温、其他无机物，以及荷尔蒙、维生素等；此外，生理需求还

① 本书在介绍马斯洛需求层次论时基本上引用了其原文，引自：［美］马斯洛．动机与人格［M］．北京：中国人民大学出版社，1987.

可能包括性欲、感觉上的快意等。

马斯洛将安全需要定义为安全、稳定、依赖、免受恐吓、焦躁和混乱的折磨，对体制、秩序、法律、界限的需要，对于保护者实力的要求，等等。

爱和归属的需要是指个人渴望同人们有一种充满深情的关系（朋友、心爱的人、妻子或孩子等），渴望在他的团体和家庭中有一个位置。

自尊的需要是指人们对于稳定的、牢固不变的、通常较高的评价的需要或欲望，对于自尊、自重和来自他人的尊重的需要或欲望。这种需要可以分为两类：第一，对于实力、成就、适当、优势、胜任、面对世界时的自信、独立、自由等欲望；第二，对于名或威信（来自他人对自己尊敬或尊重）的欲望。

马斯洛将认知的需要界定为对于纯粹知识的认识性需要（好奇），以及对于理解的需要（哲学的、神学的、建立价值系统解释的需要）。马斯洛将审美的需要界定为对于美、对称，也许还包括对于简洁、完满、秩序等的冲动，以及表达、表现的需要，也许还有与这些审美需要有联系的使某事趋向完满的需要。

自我实现需要是人对于自我发挥和完成的欲望，是一种使他的潜力得以完成的倾向。在马斯洛的理论里，自我实现不仅包括事业的成功和能力的发挥，还包含情感、谨慎和人格完满的内容，自我实现需求的满足除了体现在工作中，还体现在生活、消费、人际交往等各个方面。

从个体的角度看，人的安全需要的满足表现为个人对于安全、稳定、秩序的主观感受，以及内心不受恐吓、威胁和混乱折磨后的宁静；而从社会的角度，安全的保障取决于政府和社会提供的公共服务。因此，安全需要同样是为了维持人的生存、满足人的身体（生理系统）正常运行的需要，可以归入广义的生理需要的范畴。归属和爱的需要、尊重的需要属于人的情感层面的需要，认知的需要、审美的需要属于人的精神层面的需要。情感属于精神的组成部分，我们把情感需要也归入广义的精神需要的范畴。根据上述分析，依据马斯洛的需求层次理论，人的需要可以大体分为生理需要、精神需要和自我实现的需要三个部分。

（三）消费需求的分类

动机是引发人们从事某种行为的心理状态和意愿。人的消费行为当然也是由动机推动的。对消费需求可以按不同的标准进行分类，如上述提到的物质需求、精神需求、现实需求、潜在需求等的分类。我们同样可以根据人的消费动机对消费需求进行分类。前面我们在马斯洛需求层次理论的基础上将人的动机分为生理需要、精神需要和自我实现需要三个部分，据此，我们也可以将人的消费需求划分为生理需求、精神需求和自我实现需求。

生理需求是维持人的生存和身体机能正常发挥作用的消费需求。维持人的生存及身体机能正常发挥作用，首先需要营养物质和能量，需要各种各样的物质环境和条件，因此，生理需求很多时候表现为物质需求，但并非所有的生理需求都是物质需求，人们对于很多服务的消费也是为了满足人的生理需求的，此外，情感需求、精神需求的满足也很可能需要物质载体。

精神需求是人们为了满足情感需要、精神需要而进行消费的需求。根据《现代汉语词典》，情感是指对外界刺激肯定或否定的心理反应，如喜欢、愤怒、悲伤、恐惧、爱慕、厌恶等。前述马斯洛提到的归属和爱、尊重等属于情感的范畴。在人们的消费行为中，很少有以归属、爱、尊重作为直接购买对象，但人们确实能够在相关的消费行为中获得归属、爱、尊重等情感需求的满足，而且这种满足的程度会影响到消费者愿意支付的价格。精神是指人的意识、思维活动和一般心理状态。[①] 前述马斯洛提到的认知、审美等属于精神的范畴，教育、培训、看电影、比赛等则属于满足人们精神需求的消费。

按照马斯洛对于自我实现的界定，自我实现的需要主要在工作中得到实现，但其中情感、谨慎和人格完满等内容可以在生活、消费、人际交往中实现。

值得注意的是，人们的一个购买或消费行为能够同时满足不同种类的需求，因此，生理需求、精神需求和自我实现需求的界限并

① 中国社会科学院语言研究所词典编辑室．现代汉语词典（修订本）［M］．北京：商务印书馆，1996：667.

非泾渭分明，因为人本来就是生理系统和精神系统的统一体，某个消费行为可能以某一类型的需求满足为主，以其他需求的满足为辅。

二、消费需求的满足

（一）商品的效用和价格

商品能够满足人们的需求，是因为商品有效用（使用价值）。从西方经济学的视角，效用是指对商品满足人的欲望的能力评价，或者说，效用是指消费者在消费商品时所感受到的满足程度。一种商品对消费者是否有效用，取决于消费者是否有消费这种商品的欲望，以及这种商品是否具有满足消费者欲望的能力（高鸿业，2020）。而从马克思主义政治经济学的角度，商品具有可以满足人们某种需要的属性，即使用价值，使用价值是商品的自然属性；商品具有何种使用价值，是由它本身所具有的物理、化学或生物学的性质决定的，商品的使用价值是在人们使用和消费它的时候才实现的；一种商品的使用价值可以是多种多样的，随着科学技术的发展，商品的使用价值还将不断地被发现、被利用（宋涛，2018）。从上述观点可以看出，马克思主义政治经济学更加强调商品效用的客观性。按照马克思主义政治经济学的观点，商品使用价值（效用）是价值的物质承担者，决定价值的是人类的劳动，价格则是商品价值的货币表现。不同商品的效用是无法比较大小的，它们满足的是人们的不同的需要；对于同种商品，更多数量的商品当然能够满足人们更多的需要，因此效用更大，同时，生产更多的同种商品要花费更多的劳动，价值也就更大，价格也更高；对于同种商品，如果提高了质量，增加了功能，并因此花费了更多劳动，商品的价格也会提高。这正是使用价值（效用）是价值物质承担者的应有之义。

商品的效用（使用价值）是多种多样的，可以满足人们不同方面的需要，当然，这些不同的需要对于消费者的重要程度是不同的。人们在通过对商品的消费获得效用时，这个过程不仅包括人们的消费过程，也包括消费者获得商品的过程，甚至还会延伸到人们对于商品的消费之后。为了方便消费者完成消费过程，或者使消费者得到更好的消费体验，生产者可能提供额外的服务，消费者因此得到了更多的效用。此外，消费者在购买和消费商品的过程中还可能在目标需求之外同时获得其他需求的满足。据此，我们将商品的效用分为基本效用和附加效用。基本效用是指人们购买及消费该商品的目标效用，如人们购买馒头是为了充饥，购买洗衣机是为了洗衣服；附加效用是除基本效用外的其他效用，包括商品生产者或服务提供者为辅助、方便人们完成购买或消费提供的帮助，如购买商品的送货上门，出租车司机帮助行动不便的乘客上下车，也包括消费者在消费过程中获得的目标效用之外的额外效用，例如消费者乘坐出租车过程中与司机进行情感交流，因此获得情感需求的满足。虽然额外效用很多时候以情感或精神需求的满足表现出来，但并非所有的情感或精神需求的满足都是附加效用，因产品质量好、服务态度好等使消费者获得更好的服务体验和情感需求的满足是商品基本效用方面的内容。当然，商品的基本效用和附加效用的区分并不是绝对清晰的，随着技术的进步，基本效用和附加效用的区别会越来越明显，特别是在基本效用越来越通过无人化系统来提供的情形下。

由不同厂商生产的同种商品，其基本效用和附加效用可能会有差异，有的厂商生产的商品质量更好、功能更加多样化，有的厂商会增加商品附加效用以吸引消费者。商品附加效用的内容及消费者对其的需要程度会因消费者的个性差异有很大的不同，具有偶然性、随机性和不确定性。商品的生产者或提供者在增加商品的附加效用时，可能会增加商品的生产或经营成本；很多时候，生产者增加商品的附加效用是为了吸引更多的消费者来购买商品，此时，生产者或商家会自己承担商品因此增加的成本，更多时候，增加商品附加效用会提高商品的价格。

随着科技的发展尤其是人工智能的发展，对于某种商品，企业越来越能够利用技术系统来生产或提供其基本效用，但附加效用的提供却因其随机性和不确定性，可能需要增加人力，或者需要更复杂的技术体系，这样会增加商品生产或提供的成本，从而提高其价格。因此，人们在选择某种商品时，就需要在附加效用的多少（相应的价格会更高或更低）上进行权衡。例如，当自动驾驶系统比较完善以后，身体健康且喜欢乘出租车时休息一会的乘客，自动驾驶出租车能提供高效而便宜的服务，而对于行动不便且总有孤寂感的老人，价格高得多但能提供上下车帮助的有人驾驶出租服务是更加理想的选择。

（二）需要和需求的满足

需要满足和需求满足是两个有差异的概念。如前所述，“需要”更加抽象，探讨的是人的行为动机，从外延上看，需要涵盖的范围更加广泛，除了人们通过购买商品来满足自己的需求（消费需求），还包括用其他方式（不用支付价格的方式）来满足人们的需要，比如，亲情、与朋友的交往能够满足人们的情感需要，在工作中实现自己的价值，等等。消费需求的满足特指人们通过购买和消费商品来满足自己的欲望，是非常具体的概念，外延上也比“需要满足”要小。

维持人的生存、让人的功能正常发挥，需要营养、能量等以及合适的生存环境。阳光、空气等外在环境对于人的生存也必不可少，但人们不必为此支付价格。从生理需求满足的角度，人们需要的营养、能量等都是有形的物质或是由物质转化而来，人们的穿、住、行等也需要有形的物质来支撑需求的满足，因此，满足人们生理需求的主要是有形的物质产品。此外，很多服务对于维持人的生存和功能的正常发挥也是很重要的，包括餐饮、医疗、生活服务、出行服务等。安全需要（需求）的满足建立在政府提供的公共服务基础之上，人们不用为此直接支付价格，公共服务所需的资金来源于人们缴纳的税收。总体而言，人们生理需求的满足依赖于社会对于产品、服务（包括公共服务）的提供，社会需要持续不断地改进、创新技术，以生产或提供更多更好的产品和服务。

情感和精神需要很多时候通过外在环境、社会关系等来满足，归属和爱、尊重等主要来自于亲情、友情、工作关系等社会关系网络，我们从外在环境、社会中学到大量的知识，得到审美的体验。人们也可以通过购买商品来满足情感和精神需要（需求）。物质产品可以满足人们的生理需求，也可以满足人们的情感和精神需求：人们可以从物质产品中理解生产者的情感和精神，可以通过物质产品的消费获得心理的满足，可以从物质产品中学到知识、得到美的享受，等等。服务同样既可以满足人们的生理需求，也可以满足人们的情感和精神需求。只有人才有精神性（灵魂），人与人之间的双向情感和精神交流有利于满足人们的情感和精神需求。所以，生产与消费同时进行、有更多人力参与的服务更有利于满足人的情感和精神需求。就每个人而言，我们获得的情感和精神需求的满足更多来自于与别人的交流、教育、观看比赛和演出，等等，很多时候，商品是以附加效用的形式来满足消费者的情感和精神需求的，此时，对于某些看重情感和精神需求满足的消费者来说，他们会特别看重商品的附加效用，以此作为影响购买和消费商品的重要因素，并愿意为此支付更高的价格。精神需求的满足同样需要社会提供更多、更好的精神产品和服务；另一方面也依赖于人与人之间的交流，技术的进步可以创造人们交流的空间和条件，人工智能的发展甚至可以模拟与人的交流部分，满足人们的情感和精神需要。

自我实现的需要是人的潜力得以发挥和完成的需要，是人挑战自我、使自己获得更加完满的满足感。对多数人而言，工作中遇到的挑战是最大的，所以自我实现的需要首先在工作中获得满足，人们进行创新性或有挑战性的工作是个人实现自我价值的最有效的方式。此外，由于自我实现的需求包括了情感、谨慎和人格完满的内容，人们在消费、娱乐、人际交往等行为和活动中也能获得自我实现的体验，人工智能技术的发展使得体验式消费大量出现，为人们提供了新的自我实现的方式。

第二节　消费需求满足的发展趋势

一、马斯洛关于需求满足过程的论述

马斯洛（1987）在将人的需要划分为 7 个层次的基础上，阐述了人的需要的满足过程。马斯洛首先从总体上阐述了动机之间的关系：人是一种需求不断出现的动物，除了短暂的时间外，极少达到完全满足的状态；一个欲望满足后，另一个欲望迅速出现并取代它的位置；当这个需求被满足了，又会有另一个需求站到突出位置上来。具体而言，生理需要在所有需要中占绝对优势。假如一个人在生活中的所有需要都没有得到满足，那么生理需要而不是其他需要

最有可能成为他的主要动机，一个同时缺乏食物、安全、爱和尊重的人，对于食物的需要可能最为强烈；如果需要都没有得到满足，并且机体因此受生理需要的主宰，那么，其他需要可能会全然消失，或退居幕后。当生理需要得到满足后，其他（更高级的）需要会立即出现，这些需要开始控制机体。具体而言，如果生理需要相对充分地得到了满足，接着就会出现安全需要，他们同样可能完全控制机体，几乎可能成为行为的唯一组织者，调动机体的全部能力来为其服务。假如生理需要和安全需要都很好地得到了满足，爱、感情、归属的需要就会产生，并且以新的中心重复着已描述过的整个环节。马斯洛进一步认为，除了少数病态的人之外，社会上所有的人都有一种对于自尊、自重和来自他人的尊重的需要或欲望；即使所有这些需要都得到了满足，我们可以经常（假如并非总是）预料新的不满足和不安又将迅速发展起来，除非个人正在独特地干着他所适合干的事情；自我实现需要的明显的出现，通常要依赖于前面所说的生理、安全、爱和自尊需要的满足。马斯洛将上述五个层次的需要确定为人的基本需要。在马斯洛的人的需要层次序列中，对认知需要和审美需要进行了特别处理，将“认知”看作满足基本需要的直接前提，是在世界上获得基本安全的方法，或者对于智者来说是自我实现的表达方式；在阐述审美需要存在的基础上，认为审美需要与基本需要、认知需要的重叠非常大，不可能将它们截然分离。基于马斯洛将生理需要、安全需要称为低级需要，将归属和爱的需要、自尊的需要、自我实现的需要称为高级需要，系统理解马斯洛的需求层次论，我们可以得出马斯洛将认知需要、审美需要放在需求层次序列中自尊需要之后、自我实现需要之前的位置（马斯洛认为认知对智者而言是自我实现的表达方式）的结论。马斯洛认为，对于所有的需要，高层次的需要只有在占优势的低层次需要得到满足之后才会出现，而其一旦得到满足，就不再起积极的决定或者组织作用。

二、人工智能发展背景下消费需求的发展趋势

虽然马斯洛的需求层次论有一定的局限性，但它基本上客观地揭示了人的需要的种类和满足过程。根据马斯洛的需求层次论，在满足人的消费需求的过程中，生理需求优先于精神需求，精神需求优先于自我实现的需求。

但正如马斯洛所提到的，人的机体被生理需要主宰，不能否认这类情况的真实性，但可以否认它们的普遍性；危急情况在正常运行的和平社会里几乎可以肯定是罕见的……在大多数已知的社会里，经常处于危急状态中的极度饥饿是罕见的，而不是普遍的。就整个世界范围看，很多国家早就完成了工业化，成为发达国家；大多数发展中国家也在发展的道路上取得了很大的成就；世界上还存在一些贫困国家，还需要这些国家和国际社会付出更多的努力让其摆脱落后状态。我国在解决贫困问题上取得了举世瞩目的成就。2020 年

11 月 23 日，贵州宣布最后 9 个深度贫困县退出贫困县序列，这不仅标志着贵州省 66 个贫困县实现整体脱贫，也标志着国务院扶贫办确定的全国 832 个贫困县全部脱贫摘帽，全国脱贫攻坚目标任务已经完成。[①] 中共中央政治局常务委员会于 2020 年 12 月 3 日召开会议，听取脱贫攻坚总结评估汇报，中共中央总书记习近平指出：经过 8 年持续奋斗，我们如期完成了新时代脱贫攻坚目标任务，现行标准下农村贫困人口全部脱贫，贫困县全部摘帽，消除了绝对贫困和区域性整体贫困，近 1 亿贫困人口实现脱贫，取得了令全世界刮目相看的重大胜利。

我国绝对贫困和区域性整体贫困的消除，意味着就我国总体而言，人的机体被生理需要主宰的时代已经成为过去。随着我国的强盛和国防力量的强大，国家饱受欺凌的时代也成为过去，从国家内部角度，随着行政体制、司法体制等各项制度走向完善，安全等也不再成为困扰人民的问题。这表明，在我国，生理需求已经得到了较大程度的满足。随着我国经济的发展，人民收入水平会进一步提高，生活会越来越富裕；生产力发展和技术的进步使得物资供应越来越充足，商品的种类越来越多，质量越来越好；人们生理需求的满足程度越来越高。人工智能技术的发展将进一步推动社会生产向信息化、自动化方向发展，社会财富将以更快的速度生产出来，进

① 新华网．全国 832 个国家级贫困县全部脱贫摘帽［EB/OL］. http：//www. xinhuanet. com/2020 - 11/23/c_ 1126776790. htm.

一步提高人们生理需求的满足程度。

按照马斯洛的理论，当生理需要和安全需要得到满足后，其他更高级的需要会立即出现，并开始控制机体。正如前述，在我国，生理需求（含安全需求）已经得到了较大程度的满足，追求情感需求、精神需求和自我实现需求的满足成为人们更加重要的目标。机体生理需求方面不再能够给人们带来更多的幸福感，人们的幸福感更多来自情感需求、精神需求、自我实现需求的满足。由于自我实现需求的满足更多在工作中完成，因此，在消费结构中，情感需求、精神需求满足方面的支出比例会越来越高。

三、人工智能发展背景下人们消费支出结构的发展趋势

根据上述分析，随着经济发展和社会进步，人们情感需求、精神需求和自我实现需求的满足越来越重要，满足情感需求、精神需求的产品和服务的数量会越来越多，支出结构中情感需求、精神需求满足方面的消费比例会越来越高。在人工智能的发展过程中，不同部门生产自动化的程度会有很大的不同，所以不同商品价格的变化趋势也会不同，这就使得人们消费结构中所消费商品的数量结构和价格结构（支出结构）的变化趋势会有所不同。

人们的生理需求更多地通过有形的物质产品来满足，物质产品的价格有进一步降低的趋势。技术进步和生产组织方式的发展，尤

其是生产无人化趋势的迅速发展，使得物质产品的生产成本有降低的趋势：无人化生产（现场不需要值守人员）使产品生产的时空限制变小，从而节省场地成本，无人化或几乎无人化的生产经营使得生产过程不再受人的生理限制从而延长生产时间，更重要的是，无人化或几乎无人化的生产将极大降低生产的人力成本。人们的情感需求和精神需求更多通过服务，尤其是具有人与人之间面对面精神交流内容的服务来满足，这需要更多人力的参与；而随着人们消费水平的提高，人力成本价格有提高的趋势，这样，服务尤其是需要更多人力参与的服务的价格有提高的趋势。

不同的服务，价格变化趋势也不同。满足人们生理需求的一些服务，包括商业、邮政、金融、交通等领域的服务，随着无人化趋势的发展，其价格同样有降低的趋势。此外，同种商品基本效用和附加效用的提供也会影响商品价格的变化。正如前述，一些商品的效用中包含有精神内容等附加效用，商品附加效用的内容和提供方式具有不确定性、随机性甚至偶然性的特点，使得附加效用的提供更难以实现自动化，需要更多人力参与其中，这样商品附加效用的提供价格有提高的趋势。因为附加效用不是人们购买商品的主要目标，随着附加效用价格的提高，更多消费者会选择包含更少附加效用、价格更低的商品，当然，也有些消费者会选择包含更多附加效用（尤其是有精神交流内容）、价格更加昂贵的商品。

综上所述，随着情感需求、精神需求和自我实现需求的满足对人们来说越来越重要，人们会消费更多的满足人们情感需求、精神需求的产品和服务，而支出结构中情感需求、精神需求满足方面的比例会提高得更快。

第五章　人工智能发展、创造性劳动与就业结构的变化

第一节　劳动的分类及各类型劳动的可替代性

学者们多从人工智能发展对于职位（岗位）或工作任务影响的角度研究人工智能发展对于就业的影响。职位（岗位）是从事某种工作的位置，职位（岗位）的确定和划分以工作任务为基础；职业是工作的种类，工作是指从事相应的劳动，岗位、职业的划分都以劳动分工为基础。劳动、工作（任务）、职位（岗位）、职业等概念具有紧密的联系。研究人工智能发展对于就业的影响，需要从人工智能和劳动之间的替代性的视角出发，研究劳动的分类及不同类型劳动被人工智能替代的可能性。

一、劳动的分类

研究哪些劳动会被人工智能替代，要对劳动进行科学分类，首先要确定分类的标准，据此进行分类后能够准确地确定人工智能可以替代的人类劳动和人工智能难以替代的人类劳动。

人工智能会替代哪些劳动、在多大程度上替代人的劳动，首先取决于人工智能的功能，即相比于人类智能，人工智能能够干什么和不能干什么。首先要根据人工智能和人类智能的本质区别确定分类的标准，正如前面所说，人工智能虽然能够模拟人的智能，但人工智能有规则的学习方式使其不具有创造性，和人类相比它也不具有精神性。其次，围绕人工智能建立的生产工具体系的发展能否以及在多大程度上实现对于人力的替代，还取决于人们的需要，取决于人们利用人工智能替代人力的意愿。笔者在第四章已经论述过：随着经济社会的发展，人们追求越来越高的需求满足程度，需要越来越多的新产品来满足人们的需求；在人们的各类需求中，随着生理需求满足程度的提高，精神需求（含情感需求）的满足也越来越重要。根据上述分析，本书首先从创造性和精神性两个维度对人类劳动进行分类，将劳动分为创造性劳动和非创造性劳动、精神性劳动和非精神性劳动。

根据创造性和精神性对劳动进行划分仍稍显笼统，我们还需要结合其他分类标准对劳动进行分类。将劳动分为体力劳动和脑力劳动具有悠久的历史。根据《现代汉语词典》，脑力劳动是以消耗脑力为主的劳动，如管理国家事务、组织生产以及从事政治、文化和科学研究等活动，脑力是指人的记忆、理解、想象等能力；体力劳动是指劳动者以消耗体力为主的劳动，体力是指人体活动时所能付出的力量。学术界对于脑力劳动的界定更加具体和明确。脑力劳动通过大脑这个信息加工系统对外界环境输入的信息和来自内部记忆的信息进行一系列加工（张鹏程等，2003）。有学者将脑力劳动划分为4个类型（马书琴，2001）：①创造知识的脑力劳动，即脑力劳动通过理论的思维和科学的抽象，把人们在实践中获得的经验和认识由感性上升到理性；②传授和转移知识的脑力劳动，即把由少数人掌握的系统的理论知识或某一方面的专门知识及技巧，通过各种途径和办法传授和转移给少数人；③应用知识的脑力劳动，即把理论知识具体化为应用技术，使科学知识从理论形态、知识形态转化为实物形态；④运用知识进行管理的脑力劳动，即运用科学知识所提供的理论和方法以及物质技术手段，从宏观和微观、政治和经济等方面进行管理。

可以看出，脑力和脑力劳动是与人的大脑的功能、人的精神性紧密联系的概念；而体力和体力劳动则是与人的骨骼、肌肉等，与人的运动系统紧密联系的概念。当然，任何劳动都是脑力和体力的同时使用，是人的整个身体系统的整体功能，没有纯粹的脑力劳动和体力劳动，脑力劳动不可能离开人的体力发挥作用，而体力劳动同样离不开人的脑力发挥作用。总体而言，人的创造性劳动、精神性劳动更多需要使用人的脑力，因此，创造性劳动和精神性劳动更多属于脑力劳动的范畴，所以，本书在按创造性和精神性对劳动进行分类时，引入脑力劳动和体力劳动的划分方法，当然，创造性劳动和精神性劳动并不都是脑力劳动。

在将劳动划分为脑力劳动和体力劳动的基础上，按创造性和精神性对人的劳动进行分类，可以将劳动划分为6类（见表5－1）。

表5－1　劳动的分类

	非创造性、精神性	具有创造性	具有较多精神交流内容
体力劳动	重复性体力劳动	独特性体力劳动	精神性体力劳动
脑力劳动	程序性脑力劳动	创造性脑力劳动	精神性脑力劳动

需要特别指出的是，本书同时以创造性和精神性为维度对劳动进行分类，划分出的重复性劳动或程序性劳动与别的学者的划分有很大的不同。正如下文所要指出的，很多学者仅以创造性为维度进行分类，将劳动划分为创造性劳动和重复性劳动。本书划分出的重复性劳动（或程序性劳动）是指非创造性、非精神性的重复性劳动，有些劳动虽属重复性劳动，但同时也是精神性劳动，本书将这些劳动归为精神性劳动，从而不再划入重复性劳动（或程序性劳动）。

上述将劳动划分成创造性、精神性或重复性劳动是根据该劳动的基本或总体属性进行划分的，但劳动过程极为复杂，必然同时包含创造性劳动、重复性劳动和精神性劳动，每类劳动所占的比重也会有所不同，即使某类劳动总体被认定为创造性劳动或精神性劳动，也是建立在大量的重复性劳动的基础之上的。

二、劳动的可替代性

（一）各类型劳动的可替代性

和人类智能相比，人工智能不具有创造性和精神性，因此，创造性劳动和精神性劳动是人工智能所难以替代的，包括基础研究、技术开发、决策管理等创造性脑力劳动和数量较少的创造性体力劳动，以人的身体作为服务对象的理发、按摩、医疗、体育比赛等精神性体力劳动，以及教育、培训、咨询、艺术创造、表演等精神性脑力劳动等。同时，具有创造性和精神性的劳动，比如艺术创造、表演等，更难以为人工智能替代。对于独特性体力劳动，每个单一具体的劳动都不完全一致，生产出的商品也具有独特性，商品价格相比于机器生产出的类似产品，价格也要高很多，因此可以认为独特性体力劳动也是人工智能不可替代的。

还有一些劳动，严格来讲并不属于创造性劳动和精神性劳动，但由于其劳动过程具有不规律性，劳动环境经常会出现一些变化，即劳动过程需要应对并不太复杂的不确定性，需要根据具体情况调整劳动过程、方式和具体操作。在一定的技术水平下，人工智能难以替代这些劳动，所以需要人去完成，但随着人工智能的发展，人们总会创造出相应的机制和方式让机器、技术体系替代人的劳动。同时，随着技术的进步，出现新的生产组织方式，劳动方式相应改变，也可能产生一些新的类似的劳动需要由人力来完成。这些本质上不是创造性劳动的劳动因要处理一定程度上的不确定性，我们将其归入“其他创造性劳动”。此外，在人工智能的发展过程中，在人工智能的价格还比较昂贵的情况下，即使技术上可行，但因为用人力进行生产成本更低，企业仍然不会用人工智能替代人的劳动，这种情况是人工智能基于成本原因的不可替代性。

关于创造性劳动和精神性劳动的内涵和分类，以及人工智能对其的替代效应等问题，我们将在后面进行详细探讨。

随着技术的进步尤其是人工智能的发展，大量非创造性、非精神性的重复劳动可能为人工智能所取代。创造性劳动和精神性劳动过程中的重复性劳动或程序性劳动也会被人工智能替代，这会导致创造性劳动和精神性劳动的工作方式发生重大变化，人们可以将更多的精力放在创新工作中；从整个行业的视角看，即使该行业属于创新性行业，但由于可以利用人工智能替代其中的重复性工作，该行业所需就业人口可能不会增加或增加有限。

（二）重复性劳动或程序性劳动的可替代性

学者们通常把重复性劳动与创造性劳动相对应（陆文强，2006），本书还划分了精神性劳动，所以本书的重复性劳动指的是非精神性重复性劳动。根据《现代汉语词典》，“重复”是指：①（相同的东西）又一次出现；②又一次做。有些学者界定过重复性劳动的内涵，如冯骊（2008）在将其与创造性劳动的对比中对重复性劳动进行了界定，认为创造性劳动是探索、发现、使用人类不曾使用过的知识、技能、手段、材料、工具创造新的产品或新的生产方式，从而以更高的效率从事商品生产的劳动；而重复性劳动则维持人类经济与社会发展中的简单再生产与扩大再生产。根据“重复”的内涵，综合学者已有的研究，我们可以概括重复性劳动的一些特点：

①相同的劳动操作反复进行，相同的劳动过程周而复始进行；②劳动的结果是不断生产出数量较多的相同（或高度相似）的产品或提供相同的服务；③劳动过程中通常遵守一定的规范、操作规则，或按照已有经验或习惯进行劳动；④工作环境、过程的不确定性程度不高，对劳动者知识、技能的要求通常不是很高。有学者把体力劳动等同于重复性劳动、脑力劳动等同于创造性劳动。如陆文强（2006）认为，脑力劳动属于创造性劳动，体力劳动则属于重复性劳动；这是不准确的。随着社会分工的发展、公司化运动的兴起等，在公司里出现了大量为生产和流通等服务的人员，这些人员从事的劳动虽然要使用手等运动系统进行操作，但与体力劳动者的劳动有着本质的不同，归根结底仍属于脑力劳动的范畴，只不过与其他脑力劳动相比体力运用得更多一些。除企业外，在行政机构、学校、其他社会组织等单位也存在大量类似的劳动者。这些劳动者中大多数从事的也是重复性劳动，只不过在他们的劳动过程中，相同操作反复进行、劳动过程周而复始的特点没有体力劳动那么显著，劳动的结果也不像体力劳动者的劳动成果那样是数量众多的相同产品或服务；他们为了明确的目标，遵守一定的规范，按照一定的程序进行劳动。所以，可以把脑力劳动者从事的重复性劳动叫作程序性劳动。冯亮、冯明放（2015）认为，程序性劳动是指需要经过较长时间专门训练和具有一定创新性、介于体力劳动与脑力劳动之间带有重复性的一种劳动；很难说它到底属于体力劳动

还是属于脑力劳动，主要原因在于它的特征是二者兼而有之，如一般的办公室工作人员或勤杂人员、一般电脑操作人员、自动化程度很高的工厂中的操作人员、服务领域的一般职员、一般的管理人员和一般的教学人员等，这类劳动虽然体力消耗较少，但同样带有重复性，主要是对以往积累下来的知识和技能进行运用或再现，而无须更多的创造。

三、基于重复性劳动或程序性劳动的职业

在研究了重复性劳动的内涵后，我们还需要进一步确定与重复性劳动相对应的职业，即基于重复性劳动的职业，这样才能对人工智能替代劳动的规模和趋势进行合理评估。某一职业的劳动者是否主要从事重复性劳动，需要对该职业从事的工作、从业要求等进行深入研究，我们以国家职业分类大典修订工作委员会组织编写的《中华人民共和国职业分类大典（2015 年版）》（以下简称《职业分类大典》）为基础，以我国综合教育门户网站“中国教育在线”建立的“职业信息大全”为参考进行研究。《职业分类大典》由人力资源和社会保障部会同国家质量监督检验检疫总局、国家统计局牵头成立的国家职业分类大典修订工作委员会修订并出版，修订工作遵循客观性、继承性、科学性、开放性原则，充分考虑我国社会转型时期社会分工的特点，参照最新修订的国际标准职业分类原则进行修订，具有很高的权威性。《职业分类大典》将职业结构分为四个

层次，即大类、中类、小类和细类，依次体现由粗到细的职业类别；大典将我国职业划分为 8 个大类，66 个中类，413 个小类，1 838 个细类（职业）。“职业信息大全”将职业类型划分为技能型、研究型、艺术型、社会型、企业型和事务型，与我们将劳动按照创造性和精神性进行分类具有较高的一致性：技能型和事务型职业从事的主要是重复性劳动，研究型职业从事的主要是创造性劳动，社会型职业从事的主要是精神性劳动，艺术型职业和企业型职业从事的主要是兼具精神性和创造性劳动。

基于程序性劳动的职业主要包括《职业分类大典》中的以下职业：第三大类“办事人员和有关人员”中的“办事人员”（包括行政业务办理人员、行政事务处理人员、行政执法和仲裁人员、其他办事人员等小类），第四大类“社会生产服务和生活服务人员”中的“批发与零售服务人员”（包括采购人员、销售人员、贸易经纪代理人员、再生物资回收人员、特殊商品购销人员、其他批发与零售服务人员等小类）、“交通运输、仓储和邮政业服务人员”（包括轨道交通运输服务人员、道路运输服务人员、水上运输服务人员、航空运输服务人员、装卸搬运和运输代理服务人员、仓储人员、邮政和快递服务人员、其他交通运输、仓储和邮政业服务人员等小类）、“信息传输、软件和信息技术服务人员”（包括信息通信业务人员、信息通信网络维护人员、广播电视传输服务人员、其他信息传输、软件和信息技术服务人员等小类）、“金融服务人员”（包括银行服务人员、证券服务人员、期货服务人员、保险服务人员、典当服务人员、信托服务人员、其他金融服务人员)、“房地产服务人员”(包括物业管理服务人员、房地产中介服务人员、其他房地产服务人员等小类)、“租赁和商务服务人员”(包括租赁业务人员、安全保护服务人员、市场管理服务人员、其他租赁和商务服务人员等小类)、“水利、环境和公共设施管理服务人员”(包括水利设施管养人员、水文服务人员、水土保持人员、农田灌排人员、自然保护区和草地监护人员、野生动植物保护人员、环境治理服务人员、环境卫生服务人员、有害生物防治人员，还有其他水利环境和公共设施管理服务人员等小类)、“电力、燃气及水供应服务人员”(包括电力服务供应人员、燃气供应服务人员、水供应服务人员，以及其他电力、燃气及水供应服务人员等小类)。

基于重复性劳动的职业主要包括《职业分类大典》中的以下职业：第五大类“农、林、牧、渔业生产及辅助人员”中的所有职业，第六大类“生产制造及有关人员”中几乎所有的职业。

第二节　创造性劳动及其不可替代性

一、创新的内涵

(一) 学者关于创新内涵的研究

要准确把握创造性劳动的内涵，首先要理解创新的内涵。20 世纪初，著名学者熊彼特（1912）对创新内涵和创新理论进行了开创性研究，认为创新就是建立一种新的生产函数，把一种从来没有过的关于生产要素和生产条件的“新组合”引入生产体系。可以看出，技术发明并不包含在熊彼特的创新范畴里，正如英国学者弗里曼和苏特（2004）指出的：熊彼特最大的贡献是把“创新”从“发明”中区别开来。熊彼特之后，学术界进一步研究并拓展“创新”概念的内涵：20 世纪 90 年代，学者们提出了知识创新的概念，用于指科学研究获得新思想、新思想的传播和应用、新思想的商业化等（Amidon，1997；He，1998；野中郁次郎、竹内广隆，1999）；进入 21 世纪后，社会创新的概念被提出，用于指商业部门创新领域向非市场部门拓展，通过创新活动实现社会问题的优化解决（Mumford，2002；Osburg，2013）；随后，Swann（2014）又提出了公共创新的概念，将其定义为发生在商业、专业与政府领域之外，由普通的公众为其自身利益而进行的创新。在我国，创新得到了普遍的重视，其概念被广泛使用于各领域和各层面，如制度创新、模式创新、金融创新、区域创新等。

（二）创新和创造性劳动的内涵

综合上述学者的研究可以看出：首先，新知识、新思想的产生和新技术的发明属于创新的范畴，可以被统称为“新知识的创造”；新知识创造的主体包括科研单位、高校等的科研人员，企业的研发人员，以及从事知识探索和创新的任何个人。其次，新知识、新思想及新技术的应用、传播及商业化也属于创新的范畴，可以被统称为“新知识的应用”；新知识应用的主体除了科研人员和研发人员，还包括生产等领域的人员及其他人员。

需要特别指出的是，在我国，有些学者对于“技术发明”外延的理解比较宽泛，事实上包含了技术创新的内容（张志永，2000）。我们从创新的过程性角度出发，将技术发明与将技术变成产品（属于技术创新的范畴）区别开来，正如经济合作和发展组织 1998 年《科学技术政策概要》中指出的：“技术进步通常被看作是一个包括三种互相重叠又互相作用的要素的综合过程。第一个要素是技术发明，即有关或改进的技术设想，发明的主要来源是科学研究。第二个要素是技术创新，它是指发明的首次商业化应用。第三个要素是技术扩散，它们是指创新随后被许多使用者采用。”显然，新技术发明属于“新知识创造”的范畴，而将技术转化为产品属于技术创新的内容，属于“新知识应用”的范畴。

创新还包括更广泛的内容。根据熊彼特等学者的观点，创新不仅包括引入新技术从而生产出新产品，还包括在生产方法、市场开拓、供应来源、组织等领域的创新；随着企业经营过程和经营环境更加复杂，该含义上的创新还应该拓展到更广的领域，比如与政府机构、环保组织等处理好关系等，这些创新主要是企业管理人员的职责，可以称为管理创新。管理创新的必要性根源于企业面对的不确定性。奈特（1921）利用不确定性来解释企业利润的来源，并赋予企业家不确定性决策者的角色，我们可以进一步将管理创新界定为企业和其他组织的管理人员应对和处理不确定性过程中的突破常规（原有工作方式）的行为，包括采用新技术、开拓新市场、获得新的供应来源、采取新的组织方式和管理方式等。除了企业之外，政府机构、事业单位等其他组织的管理人员为了应对社会问题和挑战（不确定性）、促进公共利益而进行的创新，性质上类似于企业层面的管理创新，也可以归入管理创新的范畴。

企业和其他组织在经营和管理层面需要应对和处理不确定性，在很多生产环节和具体活动中同样需要应对和处理不确定性，此时也需要劳动者进行创新。例如，教师在教学中采用新思路、新方法、新的教学工具进行教学，医务人员利用新方法、新药物等进行治疗，技术辅助、生产辅助和修理等工作中也经常需要突破常规。本书把在企业和其他组织的具体生产环节或活动中应对和处理不确定性时突破常规的行为称为其他创新。突破常规是指劳动者在工作中突破了原有的工作方式而采用了新的工作方式，不论这种新的工作方式是否在世界上第一次出现。

所以，本书是从更加宽泛的角度理解创新，将企业和其他组织经营、运行尤其是生产过程中应对和处理不确定性时突破常规的行为也纳入创新的范畴。企业和其他组织在经营、运行、生产过程中存在的不确定性为创新提供了必要性和空间，管理人员、生产人员或其他人员如果只是进行常规性工作，企业和其他组织就难以获得更多利润、更高的运行效率及工作效率。

综上所述，创新包括新知识创造、新知识应用、管理创新和其他创新。

在对创新的类型和内涵做了上述界定后，本书对创造性（创新）劳动的内涵做出如下界定：创造性劳动就是探索、创造、发明和应用新知识、新技术与企业等组织的管理人员或其他人员应对和处理不确定性时突破常规的劳动。对创造性劳动进行分类，可以划分为新知识创造劳动、新知识应用劳动、管理劳动和其他创造性劳动。

二、创造性劳动的不可替代性

人工智能的有规则学习方式使得其不具有创造性，所以人工智能无法替代创造性劳动。

（一）新知识创造劳动的不可替代性

正如前述，我们把新知识、新思想的产生和新技术的发明称为新知识的创造。根据《现代汉语词典》，知识是指人们在改造世界的实践中所获得的认识和经验的总和，思想是指客观存在反映在人的意识中经过思维活动而产生的结果，技术是指人类在认识自然和改造自然的反复实践中积累起来的有关生产劳动的经验和知识。这三个概念联系极为紧密，属于种属关系，知识是属概念，思想和技术是种概念。

知识、思想的形成和技术的发明首先需要人去感知世界及具体的事物，然后通过认识和思维，形成相对体系化的思想，对感觉、认识、思想等进行抽象化和系统化，使之上升为科学（反映自然、社会、思维等的客观规律的分科的知识体系），人们在生产实践活动中形成的制造产品的系统知识则为技术。世界知识产权组织 1977 年版《供发展中国家使用的许可证贸易手册》给技术下的定义是：技术是制造一种产品的系统知识，所采用的一种工艺或提供的一项服务，不论这种知识是否反映在一项发明、一项外形设计、一项实用新型或者一种植物新品种，或者反映在技术情报或技能中，或者反映在专家为设计、安装、开办或维修一个工厂或为管理一个工商业企业或其活动而提供的服务或协助等方面。上述过程一直被认为是只有人类才有能力完成的过程，这个过程相当于前文所指的人的“无规则学习”的过程。人对世界的感知、认识、思维，形成非系统的或系统的知识，从而认识世界的运行规律，并对规律进行运用，以实现自己的目的。表面上看，人工智能也有感知、认识和思维的能力，但人工智能的这种“感知、认识、思维”能力是有极大局限性的：人工智能的“感知、认识、思维”过程完全是在人设定的程序、规定的框架下进行的，前文称之为“有规则学习”，从本质上说，它不过是一个处理知识和信息的过程，产生的结果中的所有信息都已经包含在人输入人工智能系统的知识和信息中了，所以并未产生真正意义上的“新知识”。所以我们说人工智能并没有创新能力，当然就不可能替代人的创造性劳动。

（二）新知识应用劳动的不可替代性

新知识应用是指新知识、新思想及新技术的应用、传播及商业化。如果说新知识的创造是创造新的认识、知识、信息、思想和知识体系，那新知识的应用就是创造一个新的知识应用体系，虽然这个体系的建立可以并且必须借鉴老体系的方式、方法、经验等，同样，创造一个“新”的产品生产体系、商业化体系，与创造“新知识”在含义和意义上是完全一样的，人工智能同样不能胜任。因此，新知识应用劳动同样是创造性劳动，也是人工智能所不能替代的。

（三）管理劳动的不可替代性

新知识的创造和应用都是极为复杂的劳动，要面临巨大的不确定性和风险，需要劳动者克服巨大的困难，付出巨大的努力，运用创造性思维进行各种尝试，百折不挠，最终才有可能取得成功。管理劳动同样是复杂的劳动，有时面临的不确定性和风险甚至更大。虽然在知识探索的过程中需要进行人与人之间的合作，要处理好人与人之间的关系，而总体而言，新知识的创造和应用劳动更多地反映的是人与自然之间的关系，而管理劳动除了面对人与自然的关系，更多的是要面对人与人之间的关系，这使得劳动过程和劳动对象更加复杂。

面对环境的高度复杂性，以及劳动过程、劳动对象的复杂性，管理劳动者需要处理各种不确定性，随时做出决策，需要完成协调、沟通、激励、说服、谈判、洞察、指挥、计划、组织、控制、决断、分析等工作，这些工作性质差异巨大，需要运用的能力种类繁多，所有工作的完成都需要具有“全功能”属性的人才能胜任。更重要的是，很多工作需要具有“精神性”的人才能完成，即只有人才能处理好人与人之间的关系。

综上所述，人工智能无法替代人的管理劳动。

（四）其他创造性劳动一定条件下的不可替代性

其他创造性劳动是指在企业和其他组织的具体生产环节或活动中应对和处理不确定性时突破常规的劳动。创造性劳动和重复性劳动的界限并非泾渭分明，总是存在一些模糊地带。一些劳动具有一定的创新，但创新的程度不是很高，劳动者在劳动过程中需要处理一定的不确定性，要做好工作，需要突破常规。因为要处理不确定性，劳动者要根据工作情势的发展随时做出决策，工作中要经常突破常规，因此，工作过程中原有的工作方式和工作程序经常会不适用。显然，只适应原有工作方式和原有程序的人工智能系统难以胜任该工作。在一定的技术条件下，其他创造性劳动是人工智能难以替代的。但随着人工智能技术的发展，随着人工智能多功能化和适应性的进一步发展，原有的不确定性程度降低，原有工作对创新性的要求随之降低；或者，如果人们在原有工作方式下找到了新的生产组织方式，降低了工作中的不确定性，这种“其他创造性劳动”就将变成重复性劳动，从而被人工智能替代。

在创造性劳动中划分出其他创造性劳动，反映了创新的相对性，以及生产方式发展的动态性，直面大量劳动处于创造性劳动与重复性劳动之间模糊地带的事实，而将该部分劳动冠以“其他创造性劳动”的名称，反映了其在一定条件下的不可替代性。

第三节　人工智能发展背景下基于创造性劳动的就业结构的变化

一、基于创造性劳动的职业的确定

在确定创造性劳动的内涵后，我们以国家职业分类大典修订工作委员会组织编写的《中华人民共和国职业分类大典（2015年版）》（以下简称《职业分类大典》）为基础、以我国综合教育门户网站“中国教育在线”建立的“职业信息大全”为参考，在对每种职业名称、职业定义、职业描述（主要工作内容、职责范围和工作过程）等进行深入研究后，确定基于创造性劳动的职业。前文将创造性劳动划分为新知识创造劳动、新知识应用劳动、管理劳动、其他创造性劳动，下面我们分别确定与这四种创造性劳动相对应的职业。

（一）基于管理劳动的职业

《职业分类大典》的第一大类“党的机关、国家机关、群众团体和社会组织、企事业单位负责人”为基于管理劳动的职业，共23个职业细类。《职业分类大典》将该职业大类定义为：在中国共产党机关，国家机关，民主党派和工商联，人民团体和群众团体、社会组织及其工作机构，基层群众自治组织，企业、事业单位中担任领导职务并具有决策、管理权的人员。

第一大类职业的本质属性有两点：第一，担任领导职务：领导或主持本机关、组织或单位的工作，召集和主持会议，执行相关法律、规则、制度或上级机关的决策等；第二，具有决策和管理权：为执行职权做出相关决策，设置或完善组织结构和规章制度，进行人事管理，监督下级单位的运行和工作，等等。

（二）基于新知识创造劳动的职业

第二大类“专业技术人员”中的第一中类“科学研究人员”（16 个职业细类），第二中类“工程技术人员”（195 个职业细类），第三中类“农业技术人员”（13 个职业细类），第九中类“文学艺术、体育专业人员”中的部分职业（32 个职业细类）为基于新知识创造劳动的职业。

基于新知识创造劳动的职业可大体分为两类，第一类是“科学研究人员”，该职业的定义是：从事社会科学与自然科学研究工作的人员。科学研究人员是人类认识世界从而获得新知识的最重要的来源。例如：哲学研究人员是从事自然、社会与思维一般规律研究的专业人员；经济学研究人员是从事经济学理论研究，运用经济学原理对经济问题提出解决办法的专业人员；数学研究人员是从事数学理论研究，开发和改进数学方法，运用数学原理和技术解答科学研究、工程设计、计算机应用等领域专门问题的专业人员。

第二类是“专业技术人员”中的技术研发人员，包括工程技术人员和农业技术人员中的技术研发人员。《职业分类大典》对工程技术人员的定义是：从事矿物勘探和开采，产品开发和设计、制造，建筑、交通、通信及其他工程规划、设计、施工等的技术人员。对于“农业技术人员”的定义中同样没有“技术发明或研发”的字样，但内涵中却包含了这样的意义。很多职业小类有明确的“技术研究、设计”“技术和方法研究”“研究开发”等字样。例如：

（1）“矿山工程技术人员”（小类）：从事采矿、选矿与矿物加工生产工艺开发、设计并进行生产的工程技术人员。

（2）“石油天然气工程技术人员”（小类）：从事石油天然气钻井及开采技术研究、储运系统规划设计和运行的工程技术人员。

（3）“冶炼工程技术人员”（小类）：从事金属冶炼工艺技术研发、设计及生产技术应用的工程技术人员。

（4）“化工工程技术人员”（小类）：从事化工产品生产的工艺试验、工艺设计和生产技术组织的工程技术人员。

（5）“机械工程技术人员”（小类）：从事机械设计与制造，仪器仪表设计、制造和设备管理的工程技术人员。

（6）“航空工程技术人员”（小类）：从事飞行器、航空动力装置及机载设备设计、制造、试验、支援的工程技术人员。

（7）“电子工程技术人员”（小类）：从事电子材料、电子元器件、雷达导航设备与系统工程、电子仪器、广播视听设备等研究、设计、制造和使用维护的工程技术人员。

(8)“信息和通信工程技术人员”(小类):从事信息和通信工程研究、设计、制造、使用与维护的工程技术人员。

(9)“电气工程技术人员”(小类):从事电机与电器、电线电缆与电工材料、光源与照明等研究、设计、制造、试验的工程技术人员。

(10)“电力工程技术人员”(小类):从事电站与电力系统的研究、设计、安装、运行、检修、管理的工程技术人员。

(11)“广播电影电视及演艺设备工程技术人员”(小类):从事广播电视节目编播、信号传输和电影制作工艺设计及设备配置安装的工程技术人员。

(12)“铁道工程技术人员”(小类):从事铁路研究、规划设计、运输组织、生产制造、试验检测、设备维护及管理的工程技术人员。

(13)“建筑工程技术人员”(小类):从事城乡规划设计,建筑物、构筑物、公园、道路、桥梁、港口与航道、铁路、机场等建筑项目设计、建造及管理的工程技术人员。

(14)“建材工程技术人员”(小类):从事建筑材料、非金属矿及制品、无机非金属新材料等产品的研究、设计并指导生产的工程技术人员。

（15）“纺织工程技术人员”（小类）：从事纺纱、织造、染整、化学纤维制造、非织造、服装加工等工艺开发、设计和生产的工程技术人员。

（16）“食品工程技术人员”（小类）：从事食品原辅材料、工业产品、工艺技术和专用装备研发、生产流程管理和生产技术指导的工程技术人员。

（17）“气象工程技术人员”（小类）：从事大气特性、大气现象、大气运动以及气象环境、气候变化的探测、研究、预报、预测和应用服务的工程技术人员。

（18）“地震工程技术人员”（小类）：从事地震理论和应用研究、防震减灾技术研究，以及地震监测和预报，应急性救援和安全性评价的工作技术人员。

（19）“标准化、计量、质量和认证认可工程技术人员”（小类）：从事标准化和计量、质量的管理、监督、检验及其相关理论、技术与应用研究的工程技术人员。

（20）“管理（工业）工程技术人员”（小类）：从事集成生产与服务系统研究、规划、设计、评价和创新的工程技术人员。

（21）“制药工程技术人员”（小类）：从事医药产品生产工艺设计、产品检验、技术指导的工程技术人员。

（22）“印刷复制工程技术人员”（小类）：从事文图、音视频等信息印刷和复制技术研发、设计并指导作业的工程技术人员。

（23）“工业（产品）设计工程技术人员”（小类）：从事制造业、服务业、移动互联网等领域工业设计和产品设计的工程技术人员。

（24）“康复辅具工程技术人员”（小类）：从事残障者康复辅具的工艺设计、功能评测、补偿替代规划和实施等工作的工程技术人员。

（25）“轻工工程技术人员”（小类）：从事制浆与造纸、皮革化学、生物发酵、日用化工和塑料加工等领域的新材料、新产品、新工艺研究与开发、工程设计与实施、产品质量控制，生产技术指导的工程技术人员。

（26）“土壤肥料技术人员”（小类）：从事土壤质量评价、土壤培肥与改良、肥料高效利用及相关技术研发与推广的技术人员。

（27）“农业技术指导人员”（小类）：从事农业技术指导、咨询、培训、技术开发和信息服务的技术人员。

（28）“植物保护技术人员”（小类）：从事植物病、虫、草、鼠等有害生物监测预警、综合治理技术、植物保护产品开发与推广的技术人员。

（29）“园艺技术人员”（小类）：从事园艺植物种质资源、遗传育种、栽培管理、采后处理与加工、质量安全与检测以及规划设计等研究、示范、推广和管理的技术人员。

（30）“作物遗传育种栽培技术人员”（小类）：从事农作物选育

及栽培措施研究和推广的技术人员。

有些职业虽然在小类里没有“技术研究、设计”“技术和方法研究”“研究开发”等字样，但在细类里有类似的字样。因为涉及的细类比较多，在此只举几例。

（1）“地质勘探工程技术人员”（小类）中的“钻探工程技术人员”（细类）：从事地质矿产钻探和岩土钻探技术研究、设计和指导施工的工程技术人员。

（2）“道路和水上运输工程技术人员”（小类）中的“船舶运用工程技术人员”（细类）：从事船舶、海上设施及其设备的运行技术工艺研究、检测，指导维护、修理的工程技术人员。

（3）“民用航空工程技术人员”（小类）中的“民用航空器维修与适航工程技术人员”：从事民用航空器维修技术研发应用和初始及持续适航管理的工程技术人员。

（4）“林业工程技术人员”（小类）中的“木竹藤棕草加工工程技术人员”：从事木竹藤棕草等材料的加工工艺研发、设计的工程技术人员。

（5）“兽医兽药技术人员”（小类）中的“兽药技术人员”（细类）：从事兽用生物制品、抗生素、中药、化学药品及饲料药物添加剂的研究开发、生产检验、质量监管、推广应用和安全评估的技术人员。

（6）“水产技术人员”（小类）中的“水产养殖技术人员”（细

类）：从事水生动植物亲体培育、苗种繁殖、成体养殖及相关技术开发与推广应用的技术人员。

（三）基于新知识应用劳动的职业

新知识应用是指新知识、新思想及新技术的应用、传播及商业化。需要特别注意的是，文学艺术、体育等领域的专业人员，他们创作出新的著作、诗歌、音乐、影视、戏曲等文艺作品等，毫无疑问属于创造性劳动，但他们的劳动似乎既不属于产生新知识、新思想和新技术，也不属于新知识、新思想和新技术的应用（有的时候会涉及新技术的运用，比如新的摄影技术等）；他们用新的艺术形式来表现思想、精神或者艺术，从性质、特点等来说更类似于“新知识应用”的创造性劳动，因此我们把这些人员的劳动归入“新知识应用”劳动中。在《职业分类大典》里，第二大类“专业技术人员”中的“工程技术人员”（中类）、“农业技术人员”（中类）、“文学艺术、体育专业人员”（中类）中的部分职业属于基于新知识应用劳动的职业。

基于新知识应用劳动的职业可以分为两类，第一类是“工程技术人员”和“农业技术人员”。《职业分类大典》对于工程技术人员的定义中有“产品开发和设计”“工程规划、设计”这样的界定，反映的正是科研人员在应用新技术开发出新产品、新技术商业化过程中的创造性劳动。在对各职业细类的定义中，普遍存在“生产技术应用”“产品开发、设计”“研发应用”等类词语，在对于“农业技术人员”中各职业细类的定义中，普遍存在“技术研发与推广”“产品开发与推广”“研究、示范、推广”“推广应用”等词语。前面已经对很多相关职业的定义进行了列举，这里不再重复。

第二类是“专业技术人员”中的“文学艺术、体育专业人员”，正如前述，这类人员用新的艺术形式来表现思想和艺术。根据《现代汉语词典》，思想是指客观存在反映在人的意识中经过思维活动而产生的结果；艺术是指用形象来反映现实但比现实有典型性的社会意识形态。在人类漫长的演进过程中，一些哲学家提出过新的思想，艺术的内涵和形式也在不断变化创新，对于人类的发展而言，思想需要不断宣传和普及，也需要用艺术、精神来净化、美化人的心灵，为了更好地达到这样的目标，相关工作人员需要进行创造性劳动，采用新的艺术形式。因此，文学艺术、体育专业人员的工作，宣扬、教化的东西不见得是新的东西，也包括传统的东西，比如传统美德，但其用于实现宣扬、教化的手段和形式却必须是新的东西（新的艺术形式、新的作品）。“文学艺术、体育专业人员”这一职业中包括“文艺创造与编导人员”（包括 8 个职业细类）、“音乐指挥与演员”（包括 10 个职业细类）、“电影电视制造专业人员”（包括 6 个职业细类）、“舞台专业人员”（包括 8 个职业细类）、“美术专业人员”（包括 5 个职业细类），“工艺美术与创意设计专业人员”（包括 9 个职业细类）、“体育专业人员”（包括 4 个职业细类）。

（四）基于其他创造性劳动的职业

其他创造性劳动是指在企业和其他组织的具体生产环节或活动

中应对和处理不确定性时突破常规的劳动。这些劳动具有一定的创新性，但创新程度不太高，处于创造性劳动和重复性劳动（程序性劳动）之间的过渡地带。在当前技术背景下，有大量的劳动属于其他创造性劳动，因此也就有大量的职业属于基于其他创造性劳动的职业，主要包括以下几类。

第一，第二大类“专业技术人员”中除了基于新知识创造劳动和新知识应用劳动的职业之外的其他绝大多数职业。

（1）“工程技术人员”和“农业技术人员”中的除了基于新知识创造劳动和新知识应用劳动的职业之外的其他职业（后文简单表述为其他职业）。这些职业的定义中普遍有“生产（技术）指导”“检测”“监测”“评估（价）”“维护”“测试”“修理”“试验”“论证”等词语，这些工作在进行过程中也必须遵循一定的程序，但工作环境的复杂性程度较高、工作环境和过程的不确定性较大，需要劳动者进行一定的创新工作。

（2）“飞机和船舶技术人员”。这些职业的程序性较强，但专业性比较强、对于安全性要求比较高，有时需要处理一些突发情况。

（3）“卫生专业技术人员”（护理人员除外）、“法律、社会和宗教专业人员”、“教学人员”。这些职业比较特殊，同时属于基于精神性劳动的职业，劳动者需要跟服务对象进行精神交流，满足服务对象的精神需求，这些职业要处理的不确定性，除了在于极具个体独特性的服务对象（差异极大的个人）外，更在于难以观察的差异极大的个人的精神状态。此外，这些职业从业者满足消费者需求程度的差异很大，服务质量差别很大；要更好地满足消费者需求，需要从业人员持续提高自身专业能力及各方面素养，端正服务态度。其他创造性劳动虽属创造性劳动，但这些职业从业者的劳动中包含了大量重复性劳动。

（4）经济和金融专业人员。这些职业从业人员从事的劳动因要应对和处理一定的不确定性，因此，本书将其列入其他创造性劳动，但这类劳动是所有其他创造性劳动中最接近重复性劳动的。随着人工智能的发展，这些劳动面对的不确定性降低，将变成重复性劳动或程序性劳动。当然，这些从业人员中不同职业细类其劳动的不确定性程度也有所不同，统计专业人员、会计专业人员、审计专业人员、税务专业人员等面对的不确定性程度较低，随着人工智能的发展，这些岗位和职业将被人工智能替代。

第二，第三大类“办事人员和有关人员”（中类）中的安全人员，包括人民警察（小类）和保卫人员（小类），这两小类人员极为特殊，其工作的职能类别繁多，需要处理很多的不确定性，而且其工作需要与其服务对象频繁交流，工作性质上也属于精神性劳动的范畴。

第三，第四大类“社会生产服务和生活服务人员”（大类）中一些职业或者具有一定决策职能，或者需要承担精神性劳动，在劳动过程中需要处理一定的不确定性，也属于基于其他创造性劳动的职业。

(1) 具有一定决策、管理、开发、咨询等职能的人员。包括“信息传输、软件和信息技术服务人员”(中类) 中的“信息通信网络运行管理人员”(小类，从事信息通信网络运行维护、系统管理等工作的人员) 和“软件和信息技术服务人员”(小类，从事应用软件、计算机系统相关软件开发及信息咨询等服务工作的人员)，还包括“金融服务人员”“房地产服务人员”“租赁和商务服务人员”(中类) 中的业务员、交易员、代理人、估价师、管理师 (员)、经纪人、咨询师等，这些人员需要承担交易建议、咨询、鉴定、分析、组织、协调、决策等工作，由于金融、房地产、租赁和商务服务等行业本身的复杂性，承担上述工作的人员需要处理程度较高的不确定性。

(2) 承担精神性劳动的人员。包括“会议及展览服务人员”(小类)、“专业化设计服务人员”(小类)、“绿化与园艺服务人员”(小类)、“广播、电视、电影和影视录音制作人员”(小类)、“文物保护作业人员”(小类) 等，只有这些人员充分发挥创造性，才能更好地满足人们的精神需求。

(3)“修理及制作服务人员”(中类)。表面上看，修理、制作等工作比较简单，但在工作过程中需要运用分析、判断能力，需要用到手指灵巧性，其实质是要处理一定的不确定性。

第四，第四大类“农、林、牧、渔业生产及辅助人员”中的部分职业。总体而言，在发达国家，农业领域大规模的机械化、信息化发展已经大大减少了农业生产领域的劳动者数量，但因为农业生产领域劳动对象所处的空间范围大、农业生产建立在动植物等自然生长的基础之上，要处理一定的不确定性，所以生产的自动化和无人化会受到很大的限制。

第五，第六大类“生产制造及有关人员”中的“生产辅助人员”（中类）的部分职业，包括修理人员、检验、试验人员、安全生产管理人员等。修理人员要处理一定的不确定性，要运用手指灵巧性；检验、试验人员和安全管理人员都需要处理一定的不确定性。

（五）特殊的职业类型：军人

军人与《职业分类大典》中的其他职业遵循着不同的分类原则，军人中的军官、士兵、各兵种的人员、其他人员大约都能对应于《职业分类大典》中的其他相关职业，并分属于不同性质的职业：军官对应于“党的机关、国家机关、群众团体和社会组织、企事业单位负责人”，从事的是管理劳动；士兵对应于生产人员，从事的是重复性劳动；军人中也有自己的专业技术人员，从事的是新知识创造劳动、新知识应用劳动或其他创造性劳动；各兵种的一些人员和办公室人员对应于“办事人员和有关人员”，从事的是程序性劳动。

二、人工智能发展背景下基于创造性劳动的就业结构的变化

如前所述，人工智能无法从事创造性劳动，使得创造性劳动不

会被人工智能替代。具体而言，人工智能无法替代新知识创造劳动、新知识应用劳动和管理劳动，在一定条件下不可替代其他创造性劳动，这会对岗位和就业结构产生重大影响，不同性质的创造性劳动及对应的岗位、就业会呈现不同的变化趋势。

（一）基于新知识创造劳动的就业变化

新知识创造劳动是人工智能难以替代的劳动，但任何劳动过程都非常复杂，科研、研发工作者的创造性劳动建立在大量重复性劳动的基础之上，而这些重复性劳动是人工智能可以替代的，科研、研发工作者的劳动中不能替代的是创造性劳动的部分。人工智能的发展能将科研、研发工作者从重复性劳动中解放出来，从而将更多的精力放到创造性劳动当中，这意味着科研、研发工作者能够极大提高创新的效率。因此，虽然人们追求更高程度需求的满足，对于新技术、新产品的大量出现提出了更高的要求，但因为创新效率的提高，科研人员和研发人员的需求量不一定会增加。

（二）基于新知识应用劳动的就业变化

新知识应用劳动同样是人工智能难以取代的劳动。与新知识创造劳动类似的是，整个新知识应用系统同样可以分为需要运用创造性劳动的系统和基于重复性劳动的系统，而随着人工智能的发展，基于重复性劳动的系统同样是可以被人工智能替代的。总体说来，在人工智能发展背景下，基于新知识应用劳动的就业相比于现在可能会相对减少。

（三）基于管理劳动的就业变化

管理层级越高，管理劳动的创造性属性就越强。但无论哪一层级的管理劳动，都包含了很多重复性劳动，随着人工智能的发展，管理劳动的效率会提高，管理岗位会减少。更重要的是，随着生产领域无人化的发展趋势，围绕着人的管理而建立的传统管理体制将会发生重大变化，结果就是管理岗位会减少。因此，随着人工智能发展，基于管理劳动的就业会有一定的减少。

（四）基于其他创造性劳动的就业变化

其他创造性劳动的“创造性”是相对的，在一定技术条件下，劳动者需要处理一定的不确定性。随着人工智能技术的发展以及不确定性程度的降低，“其他创造性劳动”会变成重复性劳动，从而被人工智能所替代。当然，技术的发展会导致生产方式的变化，也可能产生新的需要处理一定不确定性的岗位，即产生新的“其他创造性劳动”，无论如何，新产生的“其他创造性劳动”都会少于被人工智能替代的“其他创造性”劳动。总体而言，基于其他创造性劳动的就业将会有较大幅度的减少。

综上所述，随着人工智能发展，基于创造性劳动的岗位和就业变化将呈现以下趋势：

（1）人们追求消费需求更高的满足程度，需要企业生产出更多的新产品，这将成为技术进步的强大推动力，推动基于创造性劳动的工作岗位趋于增加。

（2）创造性劳动建立在大量重复性劳动的基础之上，人工智能的发展将替代该部分重复性劳动，从而使创新者将更多精力集中在创新方面，使创新效率更高，这将导致基于创造性劳动的工作岗位趋于减少。

（3）当前存在大量的基于其他创造性劳动的工作岗位，随着人工智能的发展，很多其他创造性劳动变成重复性劳动或程序性劳动，工作岗位有减少的趋势。

上述三种趋势同时发挥作用，随着人工智能技术的发展，第二、三种趋势的重要程度可能会超过第一种趋势。因此，基于创造性劳动的工作岗位和就业的绝对数量会趋于减少。但由于重复性劳动和程序性劳动被人工智能替代的速度更快，基于创造性劳动的工作岗位的比重会提高。

第六章　人工智能发展、精神性劳动与就业结构的变化

第一节　精神性劳动及其不可替代性

一、精神性劳动的内涵和分类

（一）学者对于相关概念的研究

1. 情感性劳动

“情感劳动”（emotional work）的概念最早由美国社会学家霍尔希尔德提出，是指工作人员不仅要从事体力劳动，而且需要有情感的投入，如通过情感的运作来控制自身的情感，并要遵守一种潜在、默认的感知规则和展示规则来呈现自身。莫里斯和菲尔德曼（1986）把情感劳动定义为在人与人的相互交往中，员工努力控制、调节自己的情感，以便表现出组织需要的情感。古特克认为，情感性劳动有两种表现形式：情感强化（员工增强自己与顾客之间的亲密感）和情感置换（员工隐藏自己的真实情感、正确表达企业需要的情感）。格兰迪（2000）把情感（性）劳动定义为：员工为了达到企

业的要求，调节内心的情感和表现出来的情感的过程，员工调节情感可以通过表面表演（调节可以观察到的情感）和深度表演（调节内心经历的情感）实现。[①] 赵鑫和熊川武（2013）认为，教师与教育之间具有深厚的情感关联，教师的教育工作是一项情感劳动，教师的情感劳动是教师在教育情境中，借以影响自己拥有何种情感、何时拥有，以及怎样管理和表达情感的努力及过程。郭景萍（2007）认为，情感劳动是工作者在某种报酬的刺激下，在与工作对象的互动过程中，按照一定的社会规范调节或者控制自己的情感，以达到一种正确表达所属机构或者服务对象所需要的情感的过程。

2. 精神劳动

国内学者研究精神劳动，似乎要追溯到马克思《德意志意识形态》中译本（“精神劳动”一词从 mental labour 翻译而来），有学者认为这里应翻译成“脑力劳动”或“智力劳动”，是指利用脑力，通过思维，结合一定的物质资料最终生产出精神产品的物质劳动（任洲鸿、刘冠军，2000）。骆耕漠（1990）认为，精神劳动是指人们运用感官的感觉功能和脑器官的理性思维功能（精神劳动力），依靠社会实践，从客观事物的现象深入到内在联系，对客观事物做出规律性反映，取得真知（包括将它传授和如何应用于社会实践）等一系列的活动。赵卫（1996）认为，精神劳动就是以满足人们的精

① 上述这些学者的“情感（性）劳动”的定义转引自：郭景萍．社会工作：作为一种情感劳动的探讨［J］．广东社会科学，2007（4）：166－121.

神文化需要为目的，以促进社会文明发展与人自身的精神文明发展为职能，运用理性、观念的方式及相应的物质条件，同客观事物进行智力交换，从而获取观念财富的社会性活动。陈征（2004）认为，精神劳动是和物质劳动相对比而言的：物质劳动是以体力劳动为主，借助生产手段作用于劳动对象，生产出各种生产资料和能够直接满足消费者生活需要的物质产品；精神劳动则是通过脑力劳动进行一系列理性思维，揭示客观事物的内部联系（即规律性），提供能够直接满足消费者心理需要、增强劳动能力的精神产品。

（二）精神性劳动的内涵

上述学者界定的情感劳动和精神劳动不同于本书提出的精神性劳动的概念。当然，学者们对这两个概念的探索对于我们研究精神性劳动具有一定的启示意义。

本书提出精神性劳动的概念，是从人工智能与人类智能的本质区别出发，根据人工智能不具有精神性，从而难以满足人们的精神需要的角度，在劳动分工的基础上，从劳动中划分出劳动的主要内容为与人进行精神交流，从而能够满足人们精神需要的劳动类型。

正如前述，物质产品也能满足人们的精神需求，更多的物质产品通过物理、化学等属性（如外观）来满足人们的情感或精神需求，此时，满足人们的情感或精神需要并不是消费者购买的目标，而只是消费者从商品中得到的附加效用；对于有些物质产品，它们被生产的目标就是为了满足人们的精神（如审美等）需要，比如艺术品等。总体而言，物质产品是劳动力、生产资料等生产要素生产出来的，它凝结了人的劳动；在生产满足人的精神需要的物质产品的过程中，劳动者虽然要付出体力劳动，如瓷器制造、雕刻、花艺等，要用手使用工具进行劳动，但劳动者对于艺术的理解、构思、表达等更加重要，劳动者在劳动过程中包含了丰富的精神内容，将对艺术的理解和构思凝结在产品中。在消费物质产品的过程中，消费者使用、感觉、认识、体验商品，从中可以获得知识、情感体验、美的享受等精神上的满足。总体而言，人们主要不是靠物质产品来满足自己的情感和精神需求。

与物质产品的生产不同，服务在提供过程中也存在生产者和消费者之间直接的情感或精神交流，从而满足消费者的情感或精神需求。服务中包含的情感和精神交流大体包括三种情形：

（1）情感或精神交流是商品附加效用的组成部分。消费者购买商品主要不是为了情感或精神的满足，商品提供者为了方便消费者完成购买或消费过程，提供了含有情感或精神交流内容的服务；这种服务成为影响消费者购买的因素之一，对商品价格也有一定甚至较大影响，但一般不会成为影响购买的决定性因素。

（2）情感投入和交流（不仅指语言，也包括眼神、表情、动作等）是服务的重要组成部分，是消费者购买服务的重要原因；如果缺少情感交流，消费者可能不会选择这种服务，情感交流内容会对商品价格产生重要影响。服务多以人的身体作为劳动对象，存在于理发、按摩、餐饮及医疗等领域，在劳动者和作为劳动对象的人之间会产生自然的情感交流，一旦用技术体系来替代人的劳动，即使这种服务的名称没有变化，消费者的消费体验是完全不同的，如自动按摩椅的按摩和人的按摩，消费者的体验是截然不同的，价格也会有很大的差异。

（3）精神投入和交流是服务的基本内容，没有精神交流，服务就难以被提供。服务多以人的精神作为劳动对象，存在于教育、培训、心理咨询、表演、体育比赛等领域。值得注意的是，写作、作曲、绘画等劳动，以文字、音符、图画等符号来承载作者的情感和精神表达，其中包含了极为丰富的精神内容，能够很好地满足读者的情感和精神需要。当然，有些劳动同时以人的身体和精神作为服务对象，比如养老、健康等领域的劳动。

此外，还有些劳动，其服务对象并不需要为此直接支付价格，但也能从中获得情感上的满足。这种满足感对于服务对象是比较重要的，劳动者在劳动过程中亦须投入较多感情，感情交流内容是这种劳动的重要内容；同时，劳动者在服务劳动对象的过程中需要跟其他人进行较多的沟通，人际协调是劳动者工作的重要内容。这些劳动包括公共管理者的劳动，以及各单位人力资源部门工作人员的劳动。

我们把以知识或审美的构思、表达或情感、精神的投入及交流等作为劳动的重要内容，能够满足人们情感或精神需要的劳动称为精神性劳动。上述以人的身体、精神作为劳动对象的劳动，生产满足人们精神需求的物质产品的劳动以及公共管理者和人力资源部门工作人员的劳动，都属于精神性劳动的范畴。

（三）精神性劳动的分类

把握精神性劳动的内涵有两个要点：一是劳动的内容是知识或审美的构思、表达或情感，精神的投入及交流；二是劳动的目标是满足人们的情感或精神需要。现实中，精神性劳动极其复杂，不同的精神性劳动能够满足人们不同方面的精神需要。我们可以根据精神性劳动满足人们需要目标的不同，把精神性劳动（广义）分为情感性劳动和精神性劳动（狭义）（见表6－1）。

表6－1　精神性劳动的分类

情感性劳动		精神性劳动	
人际协调型	情感沟通型	认知和塑造型	审美型

对于情感性劳动，不同情感性劳动的内容有较大的区别，有的劳动直接满足支付了价格的服务对象的情感需求；有的劳动要进行大量的人与人之间的交流，满足不直接支付价格的众多服务对象的情感需求。据此，本书把情感性劳动划分为人际协调型情感性劳动和情感沟通型情感性劳动。

对于精神性劳动，有的劳动是给予人知识、塑造人的精神，从而提高人的素质和技能，有的劳动则是为了满足人们的审美需求，带给人们美的享受，据此，本书把精神性劳动又分为认知和塑造型精神性劳动以及审美型精神性劳动。

1. 人际协调型情感性劳动

公共管理机构和社会组织中直接与人们（消费者）接触、为人们服务的工作人员，各机构、组织中人力资源的管理人员和工作人员，他们从事的劳动除了具有满足人们情感需要的功能，还具有其他方面的功能。为了满足人们的情感需要和实现其他功能，这些劳动者需要进行广泛的人际协调，与更多的人进行情感上的沟通。

随着经济和社会的发展，以及人工智能技术的进步，物质生产无人化的趋势会越来越明显。由于就业总量和劳动者工作时间的减少，社会需要更多的途径来满足人们的情感需要和精神需要，公共机构和社会组织将发挥越来越重要的作用。需要注意的是，即使这些工作人员的劳动能够某种程度上为人工智能所取代，社会也应该避免这种情况的发生，以更好地满足人们的情感和精神需要。

机构、组织由很多人员组成，对这些人员进行管理，需要专门的工作人员。各机构、组织都有人事管理部门或人力资源管理部门，负责人员的招聘、组织、绩效管理、劳动关系及员工关系管理、福利、档案管理以及其他事务。为了更好地履行职能，人力资源管理部门需要和员工保持密切联系，也需要跟机构、组织的其他部门和人员进行沟通。各机构、组织的人力资源管理人员的工作毫无疑问都能满足员工的情感需求，并对企业文化建设、员工的激励等发挥重要作用。即使物质生产领域的劳动者数量会大幅减少，但在其他领域、机构、组织等仍会有大量工作人员需求。

2. 情感沟通型情感性劳动

如前所述，以人的身体作为劳动对象的劳动，包括医疗卫生、餐饮住宿、社会服务、健康服务等行业的劳动，劳动者在提供服务的过程中，必然要跟服务对象进行情感上的交流，这种交流构成了服务的重要内容，也极大地影响了服务的价格。这里不多赘述。

3. 认知和塑造型精神性劳动

马斯洛指出，人的认知需要是基本需要之一。马斯洛将认知需要界定为对于纯粹知识的认识性需要（好奇），以及对于理解的需要（哲学的、神学的、建立价值系统解释的需要）。认知需要的满足同时也是人成长的过程，一方面，人的成长需要学习知识和技能；另一方面，人的成长也是人格完满的过程，是人的道德品质、精神力量、创新精神等的培养过程。因此，我们把为此而付出的劳动叫作认知和塑造型精神性劳动。

首先，创造新知识的科学研究活动是认知和塑造型精神性劳动。人们持续的研究活动产生的知识是形成对于世界认知的来源，科学研究人员创造的新知识持续扩展、更新人类的知识宝库，使人们对于世界的认识越来越全面、深刻。

其次，将人类已有的知识传递给人们的教学、培训等活动也是认知和塑造型精神性劳动。有了知识，还得将知识传递给他人，才能促进人的成长。人用自己的感觉器官不断感知世界，形成对世界的认识，但人只能观察自己接触到的世界，单个人的能力又是有限的，所以要形成对于整个世界的认识，对于事物本质的认识，需要持续的学习，教学、培训人员就是将人类积累起来的知识传递给学习者。

再次，人的成长是持续的过程，人不断获得各种知识和信息，一些从业人员通过自己的劳动让人们获得知识和信息，他们从事的劳动也是认知和塑造型精神性劳动。

最后，人的成长也是人格完善的过程，某些直接为此做出贡献的劳动同样是认知和塑造型精神性劳动。在人格完善的过程中，家庭、教师起到了至关重要的作用，社会的影响、媒体的引导等都发挥着重要的作用。此外，有一些专业人员在其中也发挥了重要作用，包括宗教教职人员、心理咨询师等。对于有宗教信仰的人，宗教教职人员在其成长过程中也会起到很大的作用。

4. 审美型精神性劳动

马斯洛将审美需要界定为对于美、对称，也许还包括对于简洁、完满、秩序等的冲动，以及表达、表现的需要，乃至与这些审美需要有联系的使某事趋向完满的需要。现实生活中，人们能够得到美的享受的领域或产品包括文学艺术作品、文化作品、工艺美术品等。此外，人们还可以从园林、盆景等景色中得到美的享受，从事这些作品、景色等的创作、设计、制作的劳动也属于审美型精神性劳动。还有一些劳动，从性质上说与艺术作品、美术品、园林作品等的设计类似，包括装潢美术设计、室内装饰设计、广告设计、首饰设计、地毯设计、照明设计等专业化的设计工作，有时其劳动被看作整个产品生产的组成部分，外界不容易辨识其独立的存在或劳动过程，但有时这些劳动过程也会单独由一些企业来专门承担，这些劳动同样属于审美型精神性劳动。

体育运动对于参与者具有强身健体的作用，对于观看者能够起到娱乐、放松身心的作用；无论对于参与者还是观看者，包括通过媒体观看的观众，都能体验到进取、拼搏、合作、公平的体育精神，这正属于马斯洛对于美、完满、秩序的冲动的范畴，属于审美的范畴。因此，体育专业人员的劳动属于审美型精神性劳动。

二、精神性劳动的不可替代性

（一）多数精神性劳动的创造性劳动属性

本书把以知识或审美的构思、表达或情感、精神的投入及交流等作为劳动的重要内容，将能够满足人们情感或精神需要的劳动称为精神性劳动，而把探索、创造、发明和应用新知识、新技术于企业等组织的管理人员或其他人员应对和处理不确定性时突破常规的劳动称为创造性劳动。从字面含义即可看出，两种类型的劳动具有一定的重合性，或者说两者在外延上有相当一部分是重合的。专业人员长期从事知识或审美的构思、表达，容易取得创新性成果，当然，精神性劳动更多的是从劳动的内容进行判断的，而劳动是否具有创造性、创新性多倾向于从结果的角度进行判断。此外，应对和处理不确定性的程度是判断劳动是否为创造性劳动的一个重要标准，精神性劳动的劳动对象主要为人的情感和精神世界，人的情感世界和精神世界通常被认为是比物质世界更为复杂的领域，每个个体的情况千差万别，每个个体的情感世界和精神世界在不同的时间点和不同的情境下又有很大的不同，需要精神性劳动的劳动者在持续沟通中进行分析、判断，采取合理的工作方式，这样的工作方式更难找到规律性，可以说，精神性劳动的每一次劳动都不是重复的。当然，也并不是所有的精神性劳动都是创造性劳动，总体而言，情感沟通型精神性劳动更强调劳动者和劳动对象之间的情感交流和满足服务对象的情感需要，而不强调劳动的创新性和劳动是否突破常规的工作方式。

（二）精神性劳动的不可替代性

总体而言，精神性劳动的不可替代主要不是取决于技术上，而是取决于人们的需要，人工智能的发展使得它可能最终能够模拟大多数人的精神性劳动，但或者人们不需要人工智能提供这种劳动，或者人工智能模拟的精神性劳动并不能真正满足人的情感和精神需要。

由于人工智能没有精神性（灵魂），不能像人一样作为一个有意识、有感情的主体与其他人进行情感和精神交流，也就难以很好地满足人的情感和精神需求，所以精神性劳动是人工智能难以替代的。精神性劳动的不可替代性指的是这种劳动中的精神内涵几乎无法用其他方式提供，或者说没有作为人的劳动者的参与，消费者难以获得更好的情感或精神满足。随着人工智能技术的进步，技术系统也能一定程度上满足人的情感或精神需求：自动化生产的产品也可能有漂亮的外形，人们可以从中得到美的享受；以人工智能为核心的技术系统可以借助语言、画面等满足人们的某些求知、审美的需要，可以识别人的情感表达，并根据人的情感需求做出相应的情感表达，从而进行一定程度上的情感交流。对比人的精神性劳动和人工智能模仿人的精神性劳动对消费者情感或精神需求的满足程度，从量上看，人工智能模仿人的精神性劳动只能满足人们一定的精神需求，人的精神需求主要靠服务提供过程中人与人的交流来实现；从质上说，以人工智能为核心的技术系统是为人所用的工具，它模仿了人的精神性劳动的形式，实质是借助外在之物满足自己的情感和精神需求，而人在与别人的交流中满足情感或精神需求，则是人与人之间灵魂的交流。总之，随着人工智能技术的发展，以人工智能为核心的技术系统虽然能够很好地模拟人的精神性劳动的形式，但是无法赋予其精神内涵，也就不能很好地满足人的情感和精神需求。

第二节　人工智能发展背景下基于精神性劳动的就业结构的变化

一、基于精神性劳动的职业的确定

本书根据精神性劳动的内涵和分类，以及《中华人民共和国职业分类大典（2015 年版）》，参考“中国教育在线”建立的“职业信息大全”，在对每种职业名称、职业定义、职业描述（主要工作内容、职责范围和工作过程）等进行深入研究后，确定基于精神性劳动的职业。前文已将精神性劳动划分为人际协调型情感性劳动、情感沟通型情感性劳动、认知与塑造型精神性劳动、审美型精神性劳动，下面我们分别确定与这四种精神性劳动相对应的职业（见表6－2和表6－3）。

表6－2　基于情感性劳动的职业

劳动类型	情感性劳动	
岗位劳动特点	人际协调型	情感沟通型
（编号）职业大类、中类或细类（数量）	（10000）党的机关、国家机关、群众团体和社会组织、企事业单位负责人（23）	（20500）卫生专业技术人员（81）
	（20608）人力资源专业人员（3）	（4020202）铁路列车乘务员（1）
	（20700）法律、社会专业人员（10）	（4020401）民航乘务员（1）
	（30100）行政事务办理人员（5）	（40704）旅游及公共游览场所服务人员（6）
	（30201）人民警察（1）	（40300）住宿和餐饮服务人员（12）
	（40703）人力资源服务人员（3）	（41000）居民服务人员（24）
		（41300）文化、体育和娱乐服务人员（18）
		（41400）健康服务人员（10）
职业细类总数	45	153

表 6－3　基于精神性劳动的职业

劳动类型	精神性劳动	
岗位劳动特点	认知和塑造型	审美型
（编号）职业大类、中类或细类（数量）	（20100）科学研究人员（16）	（20900）文学艺术、体育专业人员（50）
	（20800）教学人员（6）	（40707）会议及展览服务人员（3）
	（20708）宗教教职人员（1）	（40808）专业化设计服务人员（20）
	（2070903）心理咨询师（1）	（40910）绿化与园艺服务人员（5）
	（21001）记者（2），（21002）编辑（6），（21004）播音员及节目主持人（2）	（60903）工艺美术品制作人员（19）
	（21008）考古及文物保护专业人员（4）	
职业细类总数	38	97

（一）基于人际协调型情感性劳动的职业

基于人际协调型情感性劳动的职业包括党的机关、国家机关、群众团体和社会组织、企事业单位负责人、人力资源专业人员、法律、社会专业人员、办事人员、人民警察、保卫人员等。

党的机关、国家机关、群众团体和社会组织、企事业单位负责人担任领导职务，具有管理权。管理是指一定组织中的管理者通过实施计划、组织、领导、协调、控制等职能来协调他人的活动，使别人同自己一起实现既定目标的活动过程。管理活动最重要的是人的管理，管理者通过协调、沟通、激励、约束等行为，推动被管理者和合作者为实现组织目标而努力工作。人力资源专业人员中的人力资源管理专业人员需要进行招聘、培训开发、绩效考核、薪酬福利、劳动关系的管理等工作，人力资源服务专业人员需要从事人力资源招聘、职业指导、人力资源培训、人才测评、劳务派遣、高级人才寻访、人力资源管理咨询等多种工作，能否一定程度上满足被管理对象或合作伙伴的情感需求是评判其工作的标准之一。法律、社会专业人员中的法律工作人员依法行使国家赋予的权力，或进行社会服务工作，其工作对象即为社会成员，与社会成员进行沟通和交流是其工作中的应有之义，也是他们做好工作的基本条件。社会工作人员从事社区建设、社会服务、社会组织发展等工作，与服务对象进行交流、倾听他们的诉求、解决存在的问题，能够极大地满足服务对象的情感需求。行政事务办理人员的劳动属于情感性劳动，是因为其工作的重要内容之一是为居民或社会（社团）成员服务，满足他们的相关需求。人民警察虽然肩负各种任务和职能，但其工作内容之一同样是与居民进行沟通、满足居民的各种需求，因此也可归类到情感性劳动者。人力资源服务人员直接为劳动者和用人单位服务，提供咨询、指导及帮助，比如，职业指导员为求职者提供心理和求职咨询，指导求职者参加职业培训，对失业者、残疾人等特殊就业群体进行专门的指导服务，为求职者提供就业信息等。

（二）基于情感沟通型情感性劳动的职业

基于情感沟通型情感性劳动的职业包括卫生专业技术人员、铁路列车乘务员、民航乘务员、旅游及公共游览场所服务人员、住宿和餐饮服务人员、居民服务人员、文化、体育和娱乐服务人员、健康服务人员等。

卫生专业技术人员是从事医疗、预防、康复、保健以及相关工作的专业技术人员。卫生专业技术人员在对患者进行诊疗的过程中，要询问和检查患者，对患者进行诊断和治疗，提出康复、预防的建议，在与患者的沟通和交流中完成治疗工作；交流既是治疗本身的需要，也可以给予患者以康复的信心，使患者得到情感需求的满足，有利于患者战胜疾病，尽快康复。卫生专业技术人员的劳动既是情感沟通型情感性劳动，也是创造性劳动。

除了卫生专业技术人员，该类职业中的其他人员都是为消费者提供服务，与消费者进行交流，满足消费者的情感需要和其他突发性偶然需要。随着人工智能的发展，如果仅仅满足消费者相关方面的不包含情感需求的其他相关需求，人工智能系统应该能够完成相关工作，对这些职业而言，人工智能不能取代的只是其中的情感交流内容。

（三）基于认知和塑造型精神性劳动的职业

基于认知和塑造型精神性劳动的职业包括科学研究人员、教学人员、宗教教职人员、心理咨询师、记者、编辑、播音员及节目主持人等。科学研究人员从事相关领域的研究工作，是创造新知识的人员。教学人员也要进行教学研究工作，同样可能创造出新知识；教学人员传递和教授知识，而且肩负着学生的思想品德教育的任务，在学生素质、品德的培养上发挥着关键性作用。宗教教职人员对于信众的思想、品德、信仰等精神世界有重大的作用，对于其他社会成员也有一定的影响。心理咨询师对心理咨询对象进行心理问题分析、测评、咨询、疏解等，对于心理咨询对象的心理健康有重要作用。记者、编辑、播音员及节目主持人等则对人们获得信息、充实人们心灵发挥着比较重要的作用。考古及文物保护专业人员是从事考古发掘及文物保护、保管、陈列和研究的专业人员，是综合性极强的文化、历史研究类职业。

（四）基于审美型精神性劳动的职业

基于审美型精神性劳动的职业包括文学艺术、体育专业人员、会议及展览服务人员、专业化设计服务人员、绿化与园艺服务人员、工艺美术品制作人员等。文学艺术专业人员通过文学、曲艺、音乐、舞蹈、电影电视、美术、工艺美术品等形式，构思、设计和向人们传递美，使人们获得美的享受。体育专业人员通过做好各自工作，向人们展示体育、力量之美，让人们理解和体验体育精神。会议及展览服务人员、专业化设计服务人员、绿化与园艺服务人员、工艺美术品制作人员等同样是通过一定的形式，构思、设计或制作审美作品，最终使人们得到美的享受。

二、基于精神性劳动的就业结构的变化

在人工智能发展的背景下，精神性劳动难以被人工智能替代；或者，基于人们情感或精神需求的更好满足，精神性劳动不应该被替代。这将对社会就业结构产生重要的影响，基于精神性劳动的岗位和就业将成为人工智能发展背景下人们就业的主要领域。随着人工智能的飞速发展和应用，大量的重复性劳动会被人工智能替代，当前以重复性劳动为基础的岗位在总岗位数中占很大的比重；在科学技术高度发展和物质极为丰富的现代社会，创造性劳动的范围扩大和数量增加也是有限的，而且创造性劳动以大量的可被替代的重复性劳动为基础，因此，基于创造性劳动的岗位及就业增加的数量比较有限，甚至可能相对减少。而随着技术、经济和社会的发展，人们生理需求的满足程度越来越高，情感性需求和精神性需求对于人们越来越重要，意味着以精神性劳动为基础的岗位和就业的数量会大大增加。虽然人们在从事精神性劳动的过程中，精神交流只是劳动过程一方面的内容，或者说精神性劳动中也包含了很多非精神的内容，这部分内容有可能被人工智能替代，但总体而言，精神性劳动过程中非精神性内容与精神性内容的结合比较紧密，难以彻底分开，因此，人工智能在精神性劳动过程中的应用不会太过广泛。

认识到人工智能发展背景下岗位和就业的上述变化趋势，社会应积极推动基于精神性劳动的岗位和就业及相关产业的发展：

首先，应有意识地限制人工智能在情感性和精神性劳动领域的使用，少开发具有精神性劳动形式但没有精神内涵的技术系统，这既是考虑社会就业问题的需要，也是更好满足人们情感和精神需求的需要。

其次，积极发展已有的以精神性劳动为基础的职业岗位和产业，明确这些岗位中精神性劳动包括的劳动内容，细化工作程序，提高工作要求，增加劳动人数，以更好地满足人们的情感和精神需要。

最后，积极开拓发展新的以精神性劳动为基础的岗位、职业和产业，或者把已有的以精神性劳动为基础的岗位引入到新的领域，积极拓展精神性劳动的范围，比如，在学前教育和义务教育阶段大量开设心理、社会、艺术类课程，配置心理咨询等人员，使孩子们从一开始就得到情感关怀、精神充实和艺术熏陶，使孩子们成为人格完满的人。

第七章　人工智能发展背景下结构性失业的产生和对策

第一节　人工智能发展背景下结构性失业的产生

一、我国产业机械化、信息化和智能化同时推进对就业的影响

正如我们在第一章中所提到的，在政府和产业界的积极推动下，我国的人工智能技术得到了很大的发展，我国和美国等发达国家在人工智能领域处于领先地位。总体而言，我国产业的整体科技水平和产业装备水平并不高；在发展阶段上我国已进入工业化中期，装备水平处于全球产业链中端。[①] 而且我国产业发展很不平衡，不同产业的装备技术水平有很大的差别：有些产业的技术水平已经达到世界先进水平，而有些产业仍处于主要依靠手工劳动阶段；即使在同一产业内部，也是先进的和落后的生产方式并存。我

① 李克强．聚焦发展共创繁荣：在经济合作与发展组织总部的演讲［EB/OL］．［2015－07－01］．http：//politics. people. com. cn/n/2015/0702/c1024－27246163. html.

国产业发展不平衡最典型的表现是我国农业的技术装备和现代化水平较低，大量劳动力滞留在农业领域（见表7－1），农业就业人口占总就业人口的比重达到25%，而世界主要发达国家的比重在1%～3%之间（见表7－2）。

表7－1　2019年我国三次产业就业人数　　单位：万人

	第一产业	第二产业	第三产业	总就业人数
就业人数	18 652.0	21 234.0	35 561.0	75 447.0

数据来源：https：//data. stats. gov. cn/easyquery. htm？cn＝C01

表7－2　我国及主要发达国家三次产业增加值和就业结构（%）

	中国		美国		日本		德国		法国		英国	
	增加值	就业	增加值	就业	增加值	就业	增加值	就业	增加值	就业	增加值	就业
第一产业	7.7	25.0	0.9	1.0	1.2	3.0	0.7	1.0	1.7	3.0	0.6	1.0
第二产业	37.8	27.4	18.2	20.0	29.1	24.0	26.2	27.0	16.3	20.0	16.9	18.0
第三产业	54.5	47.0	77.3	79.0	69.3	72.0	73.1	72.0	81.0	77.0	82.8	81.0

注：就业数据为2019年的数据，增加值数据为2020年的数据（美国为2019年的数据），日本就业和增加值数据都为2018年的数据。

数据来源：世界银行官方网站。就业数据：https：//data. worldbank. org/indicator/SL. IND. EMPL. ZS；第二产业增加值数据：https：//data. worldbank. org/indicator/NV. IND. TOTL. ZS；第一产业增加值数据：https：//data. worldbank. org/indicator/NV. AGR. TOTL. ZS；第三产业增加值数据：https：//data. worldbank. org/indicator/NV. SRV. TOTL. ZS.

我国很多产业，包括一些重要的产业（如农业），还未实现机械化和信息化。随着人工智能技术的快速发展，这些产业的发展是机械化、信息化和智能化同时推进的发展进程，这将对我国现阶段及未来的就业形势产生重要影响，我国的农业、工业、建筑业将释放出大量的就业人口。

二、人工智能发展背景下我国结构性失业的产生

职位（岗位）是从事某种工作或担任某个职务的位置，是工作的种类；产业则是具有某种同类属性的企业经济活动的集合，而经济活动又是以工作和劳动为基础。前面我们已经研究了人工智能发展背景下各类型劳动的可替代性，为评估人工智能发展背景下结构性失业问题奠定了基础。

各产业的财务、审计、统计类工作岗位以及行政、后勤等工作岗位以重复性劳动或程序性劳动为基础，这些岗位为我国提供的就业数量是巨大的。据估计，我国有会计人员 2 000 万人左右①，随着人工智能的发展，我国各企业及机关事业单位只要配备数量较少的财务管理人员及助手就可满足财务工作的需要。而各企业和机关事业单位的行政、后勤工作人员的数量比会计人员的数量规模要大得多。可以预见，各企业及机关事业单位的职能部门将有大量的事务性工作岗位被人工智能替代，从而释放出大

① 据《全国会计人才资源迎来新一轮统计调查》（载于《中国会计报》2016 年 4 月 8 日，作者肖祯，转引自财政部官方网站 . http：//www. mof. gov. cn/mofhome/kjs/zhengwuxinxi/kuaijiguanlidongtai/201604/t20160408_ 1942116. html）一文认为，2015 年我国共有会计人员 1 900 万人，随着我国经济规模的扩大，我国会计人员的数量应会有所增加。

量劳动力。上述岗位的劳动者被人工智能替代对各产业都有影响，但由于我国农村实行家庭联产承包责任制，主要以家庭为基本生产单位，基本不雇佣相关人员，所以这种替代对于农业就业的影响较小。企业里的调研分析系统、决策和管理系统中的劳动属于创造性劳动，人力资源管理系统、采购销售系统、公关宣传系统有分别以精神性劳动、创造性劳动为基础的岗位，有部分工作岗位将被人工智能替代。

第一产业领域是就业岗位最容易被替代的领域之一。在主要发达国家，机械化和信息化的完成使得第一产业的就业比重降到了1% ~3%（见表7－2）。虽然我国与日本一样属于人多地少的国家，但我国农业增加值比重较大、人均耕地面积也比日本更多，考虑到人工智能的发展将替代更多的劳动力，从技术的角度看，如果我国农业就业比重降低到日本当前3%的水平，将释放出1.8亿左右的剩余劳动力。当然，我国实行的是统分结合的农业经营体制，每一个农户家庭都是决策和经营单位，而经营、决策工作是人工智能不易替代的工作，因此，在人工智能发展背景下，我国在农业领域最终将释放出多少劳动力取决于我国技术的发展和农业经营体制的改革。当然，如果从另一个角度看，这也为我国应对人工智能发展背景下的失业问题提供了缓冲。

2020年，第二产业为我国提供了2亿多的就业数量。无论是采掘业、制造业还是建筑业，都有大量的易被人工智能替代的生产人员。从事创造性劳动的研发人员不会减少；企业管理人员从事的是创造性劳动，不会被人工智能替代，但随着很多企业从事重复性劳动的人员减少，企业需要的管理人员也会减少；从事其他创造性劳动的技术人员和设备维修人员以及其他人员会随着人工智能的进步而逐渐减少，人工智能的出现也有助于他们提升工作质量、减轻工作负担。建筑业由于工作空间大、工作环境相对开放、工作程序相对不固定，人工智能替代劳动的难度比生产领域稍微大一些。综合考虑，未来几十年，第二产业中多数就业岗位将被人工智能替代，即释放出超过 1 亿的劳动力（劳动者保持当前劳动时间的情况下）。

第三产业是典型的劳动密集型行业，其所需劳动力数量多，类型丰富（见表 7 – 3）。需要特别指出的是，批发和零售业、交通运输、仓储和邮政业、金融业等行业直接与消费者接触的服务人员，其工作性质是重复性劳动，但工作内容有一定精神性劳动的内容；精神性内容构成了服务的组成部分，并提高了服务的价格，也使消费者能享受到周到、内涵丰富的服务。如果用人工智能替代人力提供服务，消费者的消费体验将是快捷、便利及便宜。当前，我国的无人经济在零售、健康、娱乐和生活等领域得到快速发展，这表明，很多消费者愿意选择这种快捷、便利且便宜的服务；但是，另外一些消费者，尤其是那些欠缺新技术使用知识的老年人，他们可能更愿意选择更周到但也更昂贵的服务。随着人工智能的发展，使用无人值守服务的知识门槛会降低，选择无人值守服务的消费者会大幅增加。总体而言，批发和零售业、交通运输、仓储和邮政业、金融业等行业除了经营管理人员以及较少的研发和技术人员之外，绝大多数就业人员的劳动都是重复性劳动，容易被人工智能替代。根据表7－4和表7－5，这三个行业的就业总量达到1.89亿人①，占第三产业总就业人数（3.56亿，见表7－1）的53.1%。除了这几个行业及各行业中的事务性、辅助性劳动外，第三产业中其他行业的劳动主要为创造性劳动和精神性劳动。

表7－3　第三产业行业内主要岗位的劳动类型

岗位劳动类型	创造性劳动	精神性劳动	有一定情感交流内容的劳动	重复性劳动
产业	科学研究和技术服务业，信息传输、软件和信息技术服务业，修理和其他服务业，租赁和商务服务业中的部分岗位	住宿和餐饮业，居民服务业，教育，卫生和社会工作，文化、体育和娱乐业，公共管理、社会保障和社会组织	批发和零售业、交通运输、仓储和邮政业、金融业中与消费者接触的岗位	房地产业，水利、环境和公共设施管理业，批发和零售业、交通运输、仓储和邮政业、金融业中的部分岗位，各行业中事务性、辅助性的岗位

① 这两个口径的统计数据已经基本涵盖了我国这些服务业中的就业人数。

表 7－4　我国第三产业城镇非私营单位就业人数（截至 2019 年底）　单位：万人

行业	批发和零售业	交通运输、仓储和邮政业	住宿和餐饮业	信息传输、软件和信息技术服务业	金融业	房地产业	租赁和商务服务业
人数	830	815	265	455	826	510	660
行业	科学研究和技术服务业	居民服务、修理和其他服务业	水利、环境和公共设施管理业	教育	卫生和社会工作	文化、体育和娱乐业	公共管理、社会保障和社会组织
人数	434	86	244	1 909	1 006	151	1 990

数据来源：https：//data. stats. gov. cn/easyquery. htm？ cn = C01

表 7－5　我国私营企业和个体就业主要行业和人数(截至 2019 年底)　（单位：万人）

行业	制造业	建筑业	批发和零售业	交通运输、仓储和邮政业	住宿和餐饮业	租赁和商务服务业	居民服务、修理和其他服务业
就业人数	5 907	2 026	15 390	1 051	3 295	3 388	253

数据来源：https：//data. stats. gov. cn/easyquery. htm？ cn = C01

综合分析人工智能发展对于我国三次产业就业的影响，可以发现人工智能的发展将对我国的就业产生严重的影响：第一产业、第二产业和第三产业中的批发和零售业、金融业和交通运输、仓储和邮政业中将释放出大量的劳动力；企业的研发人员、分析人员、经营管理人员等和第三产业其他行业中的劳动力则比较难以被人工智能所替代，这也表明这些领域是我国人工智能发展背景下就业的主要领域，是接收其他行业释放出的劳动力的领域。

当前，我国三次产业的就业结构的发展基本符合配第—克拉克定律：第一产业的就业人数呈现逐年下降的趋势，就业人员比重也逐渐降低；第二产业为我国提供了大量的就业机会，但也是“机器换人”的主要阵地，自2012年起第二产业的就业人数呈现下降趋势，2012—2019年，就业人员从23 241万人减少为21 305万人，就业人员的比重也由2012年的30.3%下降到2019年的27.5%；第三产业的年末就业人数逐年增加，保持着较快的增长势头（见表7-6）。

表7-6　2013—2019年三次产业就业人员年末人数和比重　（单位：万人;%）

年份	就业人员合计	第一产业		第二产业		第三产业	
		就业人员	比重	就业人员	比重	就业人员	比重
2010	76 105	27 931	36.7	21 842	28.7	26 332	34.6
2011	76 420	26 594	34.8	22 544	29.5	27 282	35.7
2012	76 704	25 773	33.6	23 241	30.3	27 690	36.1
2013	76 977	24 171	31.4	23 170	30.1	29 636	38.5
2014	77 253	22 790	29.5	23 099	29.9	31 364	40.6
2015	77 451	21 919	28.3	22 693	29.3	32 839	42.4
2016	77 603	21 496	27.7	22 350	28.8	33 757	43.5
2017	77 640	20 944	27.0	21 824	28.1	34 872	44.9
2018	77 586	20 258	26.1	21 390	27.6	35 938	46.3
2019	77 471	19 445	25.1	21 305	27.5	36 721	47.4

数据来源：http：//www.stats.gov.cn/tjsj/ndsj/

人工智能发展导致的就业的结构性变化，对劳动力的素质及适应能力的提高提出了要求。那些受教育程度更高的劳动者一般具备更强的适应能力。从 20 世纪 90 年代中后期开始，中国政府便大力推动教育发展，高等教育的毛入学率已由 1990 年的 3.4% 升至 2019 年的 51.6%[①]，但从表 7-7 可知，中国当前就业人口的平均受教育程度仍然偏低。如果将大学专科及以上视为高等教育，2019 年劳动人口的高等教育程度占比为 22.8%，与国外发达国家相比仍有较大差距。早在 2000 年，美国劳动人口的高等教育程度占比就已达 34.8%，英国为 26.1%，德国为 24.2%；2018 年美国劳动人口的高等教育程度占比为 73.2%、英国为 83.9%，德国为 73.4%[②]，而中国为 20.2%，美国、英国和德国的比例都是中国的 3 倍以上。人工智能发展背景下，推动高等教育发展具有紧迫性。

表 7-7　2013—2019 年国内就业人员受教育程度构成　　　（%）

	未上过学	小学	初中	高中	大学专科	大学本科	研究生
2013	1.9	18.5	47.9	17.1	8.5	5.5	0.51
2014	1.8	18.2	46.7	17.2	9.3	6.2	0.55
2015	2.8	17.8	43.3	17.3	10.6	7.5	0.7
2016	2.6	17.5	43.3	17.2	10.9	7.7	0.8
2017	2.3	16.9	43.4	18.0	10.6	8.0	0.8
2018	2.3	16.4	43.1	18.0	10.8	8.5	0.9
2019	2.2	15.7	40.6	18.7	12.0	9.7	1.1

数据来源：https://data.cnki.net/yearbook/Single/N2021020042

① 数据来源于《中国教育统计年鉴》，https://data.cnki.net/yearbook/Single/N2021020052。
② 数据来源于世界银行，https://data.worldbank.org.cn/。

第二节　人工智能发展背景下应对结构性失业的产业结构调整对策

一、人工智能发展背景下产业结构的变化趋势

（一）配第—克拉克定律

经济增长过程中产业结构的演变有其自身的规律。配第、费雪、克拉克和库兹涅茨等学者研究了三次产业结构随着经济发展的演变规律。配第（1960）认为：工业的收益比农业多，而商业的收益又比工业多，随着经济的发展，劳动力逐渐从农业转向工业，再从工业转向商业。费希尔（1935）提出和划分了三次产业，指出生产结构的演变是客观的历史进程，生产要素不断由第一产业转向第二产业再转向第三产业。克拉克（1957）完善了三次产业划分的理论，在搜集整理若干国家的统计资料的基础上进行国际比较和时间序列分析，得出如下结论：随着时间的推移和社会在经济上变得更为先进，从事农业的人数相对于从事制造业的人数趋于下降，进而从事制造业的人数相对于从事服务业的人数趋于下降。克拉克指出，劳动力在产业之间变化、移动是由于经济发展过程中各产业间收入的相对差异造成的。克拉克认为他的发现只是印证了配第在1691年提出的观点，所以后人把克拉克的发现称为“配第—克拉克定律”。配

第一克拉克定律被表述为：随着经济的发展、人均国民收入水平的提高，劳动力首先由第一产业向第二产业移动；当人均国民收入水平进一步提高时，劳动力便向第三产业移动（李悦，2004）。

库兹涅茨在继承克拉克研究成果的基础上，从国民收入和劳动力在产业之间的分布两个方面，对伴随经济发展的产业结构的变化进行了研究。库兹涅茨把第一、二、三产业分别称为农业部门（A部门）、工业部门（I部门）和服务业部门（S部门），他在收集和整理二十多个国家庞大数据的基础上，通过对各国国民收入和劳动力在产业之间分布结构的演变趋势的统计分析得出以下结论：在发达国家的增长进程中，A部门的份额显著下降，从开初几十年的40%以上降到近年来的10%以下，I部门的份额显著上升，从最初几十年的22%～25%上升到近年来的40%～50%，S部门的份额微微地而不是始终如一地上升；A部门劳动力所占的份额急速下降，从开初的50%～60%下降到20世纪60年代初的20%左右甚至10%以下的水平，I部门的份额开初水平为20%～40%，到20世纪60年代初，在大多数国家都上升到超过40%；但劳动占比情况与产值份额的变动不同：I部门份额的上升与A部门份额的下降联系起来看，它并不占支配地位；在大多数发达国家中，I部门在劳动力中所占的份额上升，或是低于S部门，或是大体相等；I部门在劳动力中所占的份额和缓上升主要是由于制造业份额的和缓上升，这同制造业在产值中所占的份额具有支配作用的上升恰成对照；S部门份额的显著上升抵消了A部门份额下降的大部分（李悦，2004）。

（二）人工智能发展背景下产业结构的变化趋势

作为引领这一轮科技革命和产业变革的战略性技术的人工智能的发展，将对生产力发展、资源配置方式、劳动方式、经济结构、生产关系、分配关系等产生重大影响。

人工智能的发展将极大促进生产力的发展，改变劳动者、劳动资料和劳动对象的结合方式，推动生产过程向无人化的方向发展，极大提高生产资料的生产效率，推动社会财富的持续快速增加。随着人工智能替代劳动的趋势不断深化，产品作为劳动产品的属性将弱化甚至消失，人们进行交换的基础将发生变化，此时，社会是否还是商品经济社会？市场是否还在资源配置中起决定性的作用？今天，我们可能还难以回答这样的问题，但毫无疑问，劳动形成价值并成为交换基础的机制将出现一定变化，从而导致社会的资源配置方式出现变化。人们可能还需要通过交换来获得生产资料和消费资料，劳动力成本、生产资料成本、习惯、法律、供求等多种因素成为决定交换比例关系的因素。随着人工智能的发展以及生产无人化趋势的发展和深化，产业结构的变化趋势将表现出新的特点。

人工智能的发展和应用将强化和加速三次产业在国民收入和劳动力结构上的上述发展趋势。我们前面已经详细阐述了人们消费需求的变化趋势、各种不同商品价格的变化趋势以及不同类型劳动被替代的发展趋势，为研究三次产业的国民收入结构和就业结构的变化奠定了基础。

1. 三次产业的国民收入结构变化

由于人们的需求结构中情感需求和精神需求越来越重要，而情感需求和精神需求更多依靠生产和消费同时进行，情感交流和精神交流作为服务重要内容的服务业来满足。第一产业和第二产业是物质生产部门，生产过程中要大量使用土地、设备等生产资料，资本有机构成高，生产过程中的劳动多为重复性劳动，容易被人工智能替代；第三产业本就是劳动密集型产业，资本有机构成较低，而且第三产业中的劳动很多为创造性劳动和精神性劳动，这两类劳动不易被人工智能替代。物质生产领域的无人化趋势使得生产资料价格呈下降趋势，而随着经济的发展和人们生活水平的提高，劳动力的价格呈持续上升的趋势。因此，随着人工智能的发展，第一、二产业部门的产品价格呈下降趋势，第三产业的服务价格则呈上升趋势。上述发展趋势最终导致第一产业、第二产业的产值比重和国民收入比重持续快速降低，而第三产业的产值比重和国民收入比重持续快速提高。

2. 三次产业的就业结构变化

情感需求和精神需求的满足对于人们越来越重要，而第三产业能更好地满足人们的情感需求和精神需求。第一产业和第二产业部门的劳动多为重复性劳动，而第三产业部门的劳动多为创造性劳动和精神性劳动（当然，第三产业中也包含较多的重复性和程序性劳动，如批发和零售业、交通运输、仓储和邮政业、金融业领域的劳动)。人工智能的发展及其对重复性劳动和程序性劳动的大量替代，使得三次产业的就业结构方面，第一产业、第二产业的就业比重将大幅降低，第三产业的就业比重将大幅上升。

3. 第三产业内部的就业结构变化

第三产业中既存在大量基于创造性劳动和精神性劳动的岗位，也存在大量基于重复性劳动或程序性劳动的岗位，随着人工智能的发展，第三产业的内部就业结构会发生较大变化。

根据第三产业总就业量、各产业在第三产业内的就业比重、基于创造性劳动或精神性劳动的岗位在第三产业总工作岗位中的比重，可以将第三产业内各行业就业比重的发展趋势分为以下 5 种情况(见表 7-8):

第一，就业比重大幅提高的产业包括教育、卫生和社会工作、文化、体育和娱乐业。在这些行业，精神性劳动在总劳动中的占比很高，而且服务的对象中未成年人和老年人占很大比重：对于未成年人，需要传授给他们知识，更需要由具有精神性、能够即时观察被教育者的学习、心理、精神状况的教师通过言传身教、潜移默化来塑造他们的人格；对于老年人，需要具有感情的看护人员来照顾他们，给他们带来温暖和慰藉。当前，教育、卫生和社会工作、文化、体育和娱乐业等行业已经容纳了大量的就业人口，未来这些产业的就业人口还会大量增加，成为吸纳就业最重要的领域。

第二，就业比重有一定提高的产业，包括住宿和餐饮业、信息传输、软件和信息技术服务业、科学研究和技术服务业。在这些行业里，精神性劳动或创造性劳动占相当比重，但也有很多重复性劳动或程序性劳动，基于创造性劳动或精神性劳动的岗位将增加，但因行业中基于重复性劳动或程序性劳动的岗位被替代，总体而言，这些行业的就业占比会有所提高，但提高的幅度不会很大。

第三，就业比重变化不大的行业，包括居民服务、修理和其他服务业、公共管理、社会保障和社会组织、国际组织等行业。这些产业拥有较大比重的精神性劳动和创造性劳动，同时也拥有较大比重的重复性或程序性劳动，基于精神性劳动或创造性劳动岗位数量的增加能弥补基于重复性劳动或程序性劳动岗位数量的减少。需要注意的是，修理业的劳动主要属于其他创造性劳动，而其他创造性劳动是否可能被替代，取决于技术的发展；公共管理、社会保障和社会组织等的劳动虽属于情感性劳动，但其情感性劳动的属性并不是特别明显。所以，这些行业就业的变化存在一定的不确定性，一方面取决于技术的进步，另一方面取决于社会的需要。

第四，就业比重有一定幅度降低的行业，包括房地产业、商务服务业等。这些产业里既有程序性劳动，也有创造性劳动（主要是其他创造性劳动）和精神性劳动。在程序性劳动被人工智能替代、其他创造性劳动被人工智能部分替代的情况下，这些产业的就业比重必然会降低。

第五，就业比重大幅降低的行业，包括批发和零售业、交通运输、仓储和邮政业、金融业、水利、环境和公共设施管理业等。这些产业里的劳动主要是程序性劳动，在人工智能发展的背景下将被人工智能大量替代。由于这些产业当前吸纳的就业量非常巨大，随着人工智能大量替代劳动，这些产业的就业比重会大幅降低，释放出大量劳动力。

表7－8 第三产业内部就业结构变化

行业	批发零售业	交通运输、仓储和邮政业	住宿和餐饮业	信息传输、软件和信息技术服务业	金融业	房地产业	租赁和商务服务业	科学研究和技术服务业
创造性劳动或精神性劳动比重	低	低	高	较高	低	较低	相对较低	高
岗位数量变化趋势	大幅减少	较大幅度减少	增加	增加	大幅减少	减少	减少	增加
就业比重变化趋势	降低	降低	提高	提高	降低	降低	降低	提高
行业	水利、环境和公共设施管理业	居民服务、修理和其他服务业	教育	卫生和社会工作	文化、体育和娱乐业	公共管理、社会保障和社会组织	国际组织	
创造性劳动或精神性劳动比重	相对较低	高	高	高	高	较高	较高	
岗位变化趋势	减少	增加	大幅增加	大幅增加	大幅增加	增加	增加	
就业比重变化趋势	降低	提高	大幅提高	大幅提高	提高	提高	提高	

二、人工智能发展背景下应对结构性失业的产业结构调整对策

根据前文阐述的人工智能发展背景下产业结构的发展趋势，这里分别针对就业比重大幅提高的产业、就业比重大幅降低的产业、就业比重变化相对较小（有一定提高、降低或大体保持不变）的产业，提出相应的对策。

（一）人工智能发展背景下就业比重大幅提高的产业

识别出人工智能发展背景下就业比重大幅提高的产业并提出推动其发展的对策，应该是人工智能发展背景下应对结构性失业的产业结构调整对策中最重要的对策。前文已述，这些产业包括教育、卫生和社会工作、文化、体育和娱乐业。对于这些产业，即使技术上是可行的，也尽可能不要用人工智能替代人的劳动，因为这种替代的结果是降低了人们情感需求或精神需求的满足程度。当然，利用人工智能技术降低劳动者的劳动强度、提高工作质量等则另当别论。

1. 教育

当前，我国的教育是典型的应试教育，这种教育方式难以适应人工智能发展的需要。随着人工智能的发展，人们的工作时间越来越短，闲暇时间越来越多，教育的功能不仅在于提高人们的工作技能，还在于培养人们完满的人格、广泛的兴趣爱好等，让人们不但有工作的能力，还要有让自己过得充实、快乐的能力。推动教育产

业发展，使教育产业不但能够培养出与人工智能发展相适应的人，还要能够吸纳大量的就业人员，首先需要大幅增加对教育的投入，这是教育发展的基础；其次要做好推动教育发展的规划，根据人工智能发展背景下人才培养的目标，合理配置教学内容和师资队伍，并做好相关的硬件建设。

学前教育应是我国目前存在问题最多、最严重的领域。大部分幼儿园都是私立幼儿园，私人投资幼儿园是为了利润，这与教育及教育投资的宗旨是背道而驰的；而且，学前阶段是一个人个性形成的最重要的阶段。为了实现学前教育的目标，必须根本上改变当前很多幼儿园由私人投资兴办的局面，应主要由国家投资兴办幼儿园。幼儿园教育的内容除了知识的教育外，促进人格完满、素质提高的内容应成为幼儿园教育最重要的内容，体育、美术、情感、心理、沟通、合作类的课程和教学方式应摆到非常重要的位置。我国的初等教育和中等教育是应试教育特征最明显、功利性最强的教育阶段，不但不利于学生素质的提高和人格的完满，也不利于学生创造力的培养，改革的方向是要切实推动初等和中等教育由应试教育向素质教育转变，增加素质教育的内容，培养学生的创造力。高等教育的对象是已经或接近成年的大学生，是对个人能力和素质进行深化培养的阶段，该阶段的教育应增加学生选择的机会，允许学生按照自己的兴趣和要求发展自己的个性和能力。

教育的发展是一个长期的过程，教育目标的提出或改变需要漫长的过程才能实现。当我们的学校（幼儿园、小学、中学、大学）需要更多的某一领域的人才时，最起码要从高等教育的专业设置和招生开始，这些专业招收的大学生需要完成高等教育阶段的学习，毕业后还需要在工作过程中积累经验，这个周期是极其漫长的，因此教育的发展需要提前做好规划，未雨绸缪。

2. 卫生和社会工作

当前医疗卫生领域同样是存在较多问题的领域，其中最重要的问题之一是医疗资源过于紧张，看病难现象普遍存在。推动医疗卫生产业的发展既是解决当前医疗卫生领域问题的措施，也是人工智能发展背景下应对结构性失业的举措。当前我国医护人员工作压力过大、工作时间过长，增加医院和医生的数量，提高医患比，也有利于减轻医护人员的工作压力，缩短医护人员的工作时间。

社会工作事关养老、康复、关怀等事业，公益性较强，同样属于我国比较薄弱的领域。我国应该建立以国家为主导、社会各界普遍参与的养老、康复和关怀体系，建立国家养老康复机构、市场化养老和康复机构与社区互助养老相结合的养老体系，提供不同层次和标准的养老康复服务。

3. 文化、体育和娱乐业

人工智能的发展将减少人们的工作时间，增加人们的闲暇时间。文化、体育、娱乐业的发展不但有利于增强人们的体质，提高人们的素质，也是提高人们幸福指数的重要举措。如果说教育、卫生和社会工作具有较强的公益性，主要依靠国家投入更多资源推动其发展，文化、体育和娱乐业的发展更需要依靠市场的力量来推动其发展，国家可以鼓励和引导这些产业的发展。

（二）人工智能发展背景下就业比重大幅降低的产业

对于那些劳动容易被人工智能替代的产业，人工智能的发展必然会导致产业内就业数量急剧减少，从而使整个产业的就业比重大幅降低，主要包括第一产业、第二产业、第三产业中的金融、批发零售业、交通运输、仓储和邮政业、水利、环境和公共设施管理业等。这些产业的发展以及劳动力的流动应由市场发挥决定性的作用，不需要政府过多干预。人工智能的发展、人工智能对于劳动的替代以及劳动力从这些产业释放出来，都是一个渐进的过程。在市场竞争过程中，生产者和经营者可以使用更多劳动力进行生产，也可以在技术允许的情况下用更加先进的生产资料尤其是人工智能替代劳动力，怎么选择，取决于成本收益的权衡。可以预料，随着人工智能的发展和生产资料相对价格的降低，生产者和经营者将更多地使用人工智能替代劳动力。

（三）就业比重变化较小的产业

这些产业就业比重变化相对较少，产业可能包括三种情况：

第一种情况是产业内的劳动不易被人工智能替代，同时产业规模和比重会保持相对稳定，从而就业人数及比重也会保持相对稳定，如公共管理、社会保障和社会组织、国际组织等行业。

第二种情况是产业内有些行业的劳动难以被人工智能替代，而且产业规模会逐渐扩大，而另一些行业的劳动易被人工智能替代，就业数量会逐渐减少，从整个产业的角度看，就业数量和比重保持相对稳定，或者就业数量和比重降低的程度比较有限，如居民服务、修理和其他服务业、房地产业、商务服务业等。

第三种情况是产业规模会进一步扩大，产业内的很多劳动是创造性劳动或精神性劳动，但劳动过程中也有很多重复性劳动，它们易被人工智能替代，最终产业的就业规模和比重保持相对稳定，如住宿和餐饮业、信息传输、软件和信息技术服务业、科学研究和技术服务业等。

政府应该识别就业比重大幅提高的行业并提出推动其发展的对策，包括增加投资、制定相应的鼓励其发展的政策等，重点关注信息传输、软件和信息技术服务业、科学研究和技术服务业等行业的发展。此外，应主要由市场发挥调节作用，推动各产业合理发展。

第三节 人工智能发展背景下教育培训体系调整的对策

一、人工智能发展背景下工作对于人的素质的要求

（一）人工智能发展背景下工作对于劳动者素质的要求

劳动者素质是劳动者的思想素质、身体素质、文化科学知识素质和技术能力素质等的总称，文化科学知识素质是劳动者素质的主

要内容，而技术能力素质是劳动者素质的核心内容（李华、许晶，2012）。劳动者素质的提高对提升一个国家的劳动生产率和产业竞争力，推动国家科技、经济、社会发展具有极为重要的意义。劳动者素质的提高不仅是个人和家庭努力的结果，也与国家财富积累、社会医疗保健体系、全民健身体系、教育培训体系、实验实践体系、工作训练体系乃至社会文明程度息息相关。

在经济社会发展的不同阶段，生产工具、劳动对象和自然社会环境等有很大的不同，对人的素质有不同的要求。人工智能的发展使得劳动者的工作条件和工作环境发生了很大的变化，对人的素质的要求与以前相比也有很大的不同。

1. 人工之智能发展背景下工作对于身体素质的要求

每一次技术进步毫无疑问都在减轻人的工作负担，尤其是减少人的体力劳动方面的工作压力。工业化、机械化等的发展很大程度上用机械的力量替代人的肌肉系统，大幅减少人的体力劳动的付出。人工智能的发展推动了自动化的发展，甚至出现了无人工厂。因此，从工作本身的要求来看，人工智能的发展将大幅降低工作对于人的身体素质尤其是人的体力的要求，绝大部分对人的骨骼、肌肉系统有较高要求的工作都被自动化的机器系统替代。

2. 人工之智能发展背景下工作对于文化科学知识素质和技术能力素质的要求

人工智能的发展让工作变得更加简单还是让工作变得更加复杂？

由于人工智能能够模拟人的智能，甚至能够替代人的很多功能，人工智能的发展将替代大多数重复性劳动或程序性劳动。人只要在流水线旁边照看机器，这样，原来很多更加复杂的工作变得更加简单。另一方面，人工智能难以替代的工作必然是相对更加复杂的工作。总体而言，人工智能的发展使得工作对于人的文化科学知识素质和技术能力素质的要求更高了。具体而言，对于创造性劳动，由于创新成果的不断累积，人们在创新知识和技术上取得突破的空间越来越小，虽然人工智能对于收集和处理资料等方面能够提供一些支持，替代人类创新过程中的重复性劳动，但人们进行创造性劳动、取得创新性的成果越来越难，从而提高了对劳动者文化科学知识素质和技术能力素质的要求。对于精神性劳动，因为情感需要和精神需要对于人们越来越重要，人们对于满足情感和精神需求的标准提高了很多，而且人工智能能够模拟人的部分情感和精神表达，这就使得在满足人的情感和精神需要的某些方面，人必须和人工智能进行竞争，人提供情感和精神方面服务的环境发生了很大变化，因此，人工智能的发展使得社会对于提供情感性劳动和精神性劳动的劳动者提出了更高的要求。

人工智能的发展会导致产业结构和劳动力需求结构处于剧烈的动态变化的过程中，而人的知识和技能的积累具有稳定性和长期性，这就使得劳动者的知识和技能结构与岗位的要求更容易出现偏离，人工智能在不同领域的不均衡发展和应用加大了这种偏离的可能性。

知识能力上宽基础的复合型人才显然更容易适应不同的工作岗位。

3. 人工之智能发展背景下工作对于思想素质的要求

人工智能的发展导致劳动者的工作环境出现巨大变化，且工作环境会处于持续的变动中。人工智能推动的经济发展和社会进步将导致工作时间持续缩短，人们的闲暇时间大量增加，工作或休闲、为社会或为自己，人们会遇到更多的价值判断和价值选择问题。人工智能推动的自动化的发展将导致工作岗位数量大量减少，而社会的富裕也使得可以容许更多人不参加劳动，是否就业同样需要人们做出选择。这对人们的思想素质提出了更高的要求，劳动者需要解决好各种思想问题，从而能够集中精力参加工作。

（二）作为非劳动者的一般个人应对人工智能发展的个人素质培养

作为个人，其社会关系是极为复杂的，工作只是其生活的一部分。人工智能的发展和应用减轻了劳动者体力劳动的负担，缩短了工作时间，使劳动者有更多的闲暇。人工智能为代表的技术不断进步推动社会生产力的发展和社会财富更加丰裕，大量的社会成员可以不用参加工作就能获得消费品的分配，使得金钱对于劳动者的激励作用大幅下降，人们参加工作一方面是为了获得比不参加工作的社会成员更好的生活水平，但更多地是为了个人价值的实现。

因此，对于很多社会成员而言，工作所能带给人们的满足感有所减少，这就需要社会成员在消费尤其在美术、音乐、体育等休闲、娱乐、审美过程中获得更多的满足感，教育培训体系必须让人们拥有运动、审美等方面的兴趣和基本知识。尤其对于大量没有参加工作的社会成员，缺少了从职业中获得的包括收入、情感、精神和自我实现的各方面的满足，从亲情、社会关系中获得情感需求的满足，从美术、音乐等审美中获得精神满足，从消费及交往、审美中获得自我实现的满足，对于这些社会成员的幸福生活尤其重要，教育体系必须让社会成员拥有健康的身体、完满的人格、正确的人生观和价值观、审美的能力等，否则容易出现各种各样的问题。

二、人工智能发展背景下教育培训体系调整的对策

适应人工智能发展背景下产业结构、就业结构发展的趋势和人工智能发展对于人的素质的要求，鉴于一个人成长为合格劳动力需要很长的时间，社会必须未雨绸缪，尽快对教育培训体系做出相应的调整。

（一）中高等教育专业和培养结构的调整

高等教育和部分中等教育（如中职教育）是培养劳动者专业知识、专业能力、创新精神和实践能力的关键阶段，高等教育（含高职教育等）应根据人工智能发展背景下就业结构的发展方向设置专业和培养体系。

1. 需要大力发展和扩大招生规模的专业

前文确定了教育、卫生和社会工作、文化、体育和娱乐业是人工智能发展背景下就业比重大幅提高的产业，为这些产业培养人才

的专业需要大力发展并大幅扩大招生规模。在教育的各个阶段，培养对象年纪越小，其自我培养能力越低，在其个性形成、人格完满的过程中所处的位置越重要，鉴于当前幼儿园教育的极端薄弱、初等教育和中等教育师生比太低、教师工作负担过重等状况，我国在高等教育方面除了要合理设置完善与幼儿园、初等、中等教育相关的具体专业结构外，更要大幅扩大这些专业的招生和培养规模。为了提高师资的质量，让更多的教师经历过硕士、博士研究生阶段的学习也是很重要的，因此，我国要继续扩大硕士研究生和博士研究生的招生规模，这同样也是培养高等教育师资力量的要求。

卫生领域同样是人工智能发展背景下就业比重大幅提高的行业，考虑到当前我国严重的看病难问题，以及一线医护人员高强度的工作压力，增加大量医护人员是必然的选择，尤其是当前广大农村地区医护力量极为薄弱，社区医疗、护理力量也较为薄弱，医生的培养需要更长的周期，在高等教育领域扩大医护人员的招生规模和培养质量显得更为迫切。

社会工作这一行业中，养老、护理、康复、养护等同样既是我国目前比较薄弱的领域，也是人工智能难以替代人力的领域，表面上看并不需要特别高深的知识和突出的能力，但需要职业教育和高等教育一起为此提供充足的人才。

文化、体育和娱乐业是为人们提供审美、健康、娱乐服务的，这一领域需要大量的专门人才，当前我国这些行业比较发达，但随着人们工作时间的缩短，以及大量社会成员不参加工作，文化、体育和娱乐业将成为人们生活中最离不开的领域之一，高等教育研究者应根据人们的审美、体育和娱乐发展的趋势，适时通过设立新专业、调整专业结构、扩大招生等方式为这些行业培养充足的人才。

2. 总体规模不变但需要灵活调整内部专业设置及其招生规模的专业

有些产业就业比重变化较小，如公共管理、社会保障和社会组织、国际组织、居民服务、修理和其他服务业、房地产业、商务服务业、住宿和餐饮业、信息传输、软件和信息技术服务业、科学研究和技术服务业等，为这些产业培养人才的专业，总体而言培养规模跟现在比不需要发生太大的变化，但内部结构必须随时进行灵活调整，公共管理、社会保障和社会组织、国际组织等行业需要根据人们的需要和社会交往的需要调整培养规模和方向，房地产业、商务服务业、住宿和餐饮业、信息传输、软件和信息技术服务业、科学研究和技术服务业需要培养更多的高精尖人才和创新人才，而对于普通人才的需求倾向减少，这同样需要调整高等教育的培养模式。居民服务、修理和其他服务业的人才培养需要和中等教育如职业教育结合起来，培养差异化的社会需要的人才。

3. 需要缩减招生规模甚至取消的专业

对于就业比重大幅降低的产业，包括第一产业、第二产业、第三产业中的金融、批发零售业、交通运输、仓储和邮政业、水利、环境和公共设施管理业等，这些行业里绝大多数劳动将被人工智能替代，所以相关专业应逐渐缩减招生规模，甚至取消相关专业。第一、第二产业中大多数被替代的劳动力，当前是由中等职业学校进行培养的，所以中等职业学校教育并非是需要扩大规模的教育领域。

（二）各教育阶段知识和能力培养结构的调整

正如前述，人工智能的发展让人们在工作、生活中面临更加复杂的环境和更大的挑战，知识能力方面宽基础的复合型人才更能适应社会的需要，对人的思想道德素质、身体素质、人格、审美的能力等都提出了更高的要求。各教育阶段包括学前教育、初等教育、中等教育、高等教育阶段都应在教育模式、人才培养、课程设置、教学内容、教学方式等方面全面贯彻素质教育和全面发展的教育目标与教育要求。在教学人才培养方面，体育、美术、音乐、文学、心理等方面的教学人才需求量会大量增加，在高等教育的专业设置和招生规模上应反映这一要求，实现素质教育和学生全面发展的目标要贯彻到整个教学过程中，各教育阶段在课程设置、教学过程、教学方法改革方面应集中于如何提高学生的主动学习能力、思考能力、创新能力等。素质教育和学生全面发展要求的实现更需要教育体制和教学模式的转变，要切实降低基础教育的竞争性，彻底改变应试教育的教学模式，可以考虑实行“十二年制义务教育”；降低基础教育的竞争性，改变应试教育的模式，最重要的是要实现教育资源尽可能的均衡化分布，降低地区间教育资源配置的不均衡性，降低各地区本地教育资源配置的不均衡性。当前小升初、中考、高考等各节点的过度竞争根源于教育资源分布的不均衡，学生和家长为争取极为稀缺的优质教育资源，必然竭尽所能在应试教育中脱颖而出。

第四节　人工智能发展背景下应对结构性失业的其他对策

结构性失业是指劳动力供给和需求不匹配所造成的失业。前面已经在劳动力需求和劳动力供给方面分别阐述了相关对策，还有一些对策对于解决结构性失业也非常重要。

一、减少劳动供给的对策

伴随着人工智能对于人的劳动的大规模替代，减少劳动供给是应对失业和结构性失业对策的基础。在人工智能发展的背景下，减少劳动供给有两种方式，一方面是减少就业人数即劳动力的数量，另一方面是缩短劳动者的工作时间。基于劳动对于个人自我实现方面的价值，社会成员中有很多人愿意工作更长的时间，因此，在社会生产力比较发达、物质比较丰裕的情况下，应允许很多甚至大多数社会成员在能够获得个人消费品、保持一定生活质量的情况下，根据个人意愿不参加工作。缩短劳动者工作时间也有不同方案，一种方案是减少工作天数，例如从目前的每周工作 5 天减少为工作 4

天、3 天、2 天甚至是 1 天，另一种方案是减少每天工作小时数，在当前每周工作 5 天的情况下，由每天工作 8 小时减少为 7 小时、6 小时、5 小时等，当然也可以同时在当前每周工作 5 天、每天 8 小时的基础上同时减少工作天数和每天工作小时数。

大幅减少劳动者每周工作天数，或缩短劳动者每天工作小时数，可能对劳动及生产模式产生重大影响。企业为了保证持续生产，同一个工作岗位需要多人承担，这会给工作过程的持续性带来比较大的挑战，对劳动者的工作衔接提出更高的要求，会大幅提高企业的生产经营成本；另一方面，对一些社会成员而言，他们希望在劳动过程中满足自我实现的需要，因此愿意（而非被迫）工作更长的时间；综上，强行大幅降低劳动者的劳动时间对于企业和个人都是无益的。

人工智能的发展使其能够替代人的多数劳动，在生产过程的各个环节更多使用劳动力或人工智能技术方面具有更大的灵活性，企业可以根据需要，权衡成本和未来发展前景，自由决定更多使用人力或人工智能技术，这将使得生产模式发生较大变化，劳动者的劳动方式、劳动时间等也将呈现出多样化。此外，人工智能的发展对于劳动过程中劳动者的创造力和创新精神提出了更高要求，而创造性劳动本就要求减少对于劳动者的各种条条框框的限制。综上，国家和社会对于劳动时间、劳动方式、激励方式等规定应更加灵活，给企业和个人更多自由选择的机会，在较宽泛的范围内允许企业和个人协商确定劳动时间、劳动方式、激励约束方式等。

二、完善社会保障制度的对策

随着人工智能的发展及其对人的劳动的大规模替代，失业人数会以较快速度增长，短期来看，这对于社会保障制度的完善提出了更高的要求，一方面要求覆盖所有未获得收入的社会成员，另一方面应大幅提高社会保障制度的保障标准，这既是应对大量失业人口的必然要求，也是社会生产力进步、财富大量增加的结果。当然，随着人工智能的深化发展，失业人口越来越多，以及在人工智能条件下生产方式、工作方式和就业方式发生巨大变化，社会保障制度将不再能够适应社会的需要，而应该逐渐实行全民基本收入计划。

在人工智能发展背景下，无论是完善社会保障制度，还是实行全民收入计划，最大的问题在于资金来源。解决资金来源问题，首要的措施当然是税收，提高各种税包括流转税、所得税等的税率，国家能获得更多的收入。有学者提出，开征财富税和适当向富人征税，对于确保普遍基本收入有足够的资金和真正提供足够的生活水平是绝对必要的（肖涵、葛伟，2020），也有学者提出征收数字税（Ibarra et al.，2017；Ernst et al.，2018）或机器人税（Guerreiro et al.，2017；Abbott、Bogenschneider，2018）。用相对价格逐渐降低的以人工智能技术为核心的生产资料替代人力的企业，能够获得更高的利润率，但在部门间竞争的条件下，更多的利润会逐渐平均化到其他行业，征收数字税或机器人税可以避免这部分更多的利润进入平均化的过程，而不会加大企业的负担。但在人工智能技术普遍应用的条件下，征收数字税和机器人税面临较大的技术难题，识别应该交机器人税或数字税的企业及确定征税规模会面临较大的困难。此外，无论是征收流转税、所得税、富人税，还是数字税或机器人税，都面临过高税收负担打击投资和生产积极性的问题。公有制的存在可以解决上述矛盾，而劳动力被大量替代的行业如第一、第二产业，包括第三产业中的金融等行业，随着企业内劳动力数量的大量减少，公有企业普遍存在的激励约束问题将变得不再重要，或者说在劳动力被大量替代的行业里，公有制企业将更容易与市场兼容。因此，在人工智能发展的过程中，在逐步提高税率、征收新的税种的过程中，国家可以逐渐增加在第一、二产业及第三产业中某些行业的投资，以解决因税率过高导致的私人投资不足的问题。

三、提高劳动力市场效率的对策

应对人工智能发展背景下的结构性失业问题，无论是产业结构的调整，还是教育培训制度的变革和完善，乃至减少劳动的供给，都离不开高效的劳动力市场。为了提高劳动力市场的效率，可采取以下几方面的对策。

（一）保持劳动力市场的自由和开放

人工智能发展背景下，劳动力需求变化的速度很快，对劳动力供给的任何规划和设计都可能跟不上劳动力需求的步伐，因此，最有效的措施就是减少对于劳动力市场的限制，让企业对劳动力的需求直接反映到市场上，劳动者根据市场信号和市场要求决定自己素质和能力发展的方向。此外，保持劳动力市场的自由和开放，应充分尊重企业和个人的意愿，让企业和劳动者协商决定劳动者的工作方式、工作时间、报酬获得方式等，国家只规定大体框架，当然，保护劳动者的身心健康是前提条件。劳动者如果不能获得足够的收入来支撑自己和家人的生存和发展，应通过再分配的方式予以解决。

（二）加强对于劳动力市场的研究

如何保持劳动力市场的自由和开放，使劳动力市场适应人工智能发展的需要，学术界应对此展开研究，随时调整劳动力市场的制度和政策。更重要的是，并非所有人都能准确接收和把握劳动力市场的各种信息，各研究机构和高校等应紧密关注市场需求的变化，积极调整教育培训体系，培养出市场需要的劳动力，并对劳动者做进一步的指导，使劳动者适应市场的需要。

（三）在劳动力市场中充分利用人工智能等先进技术

供求信息的沟通和传递是劳动力市场的重要功能，人工智能技术的发展和应用为市场信息的收集、整理和传输创造了很好的条件。

劳动力市场的就业服务机构可以利用人工智能技术收集和处理劳动力供给和需求方面的信息，为劳动力的供给和需求之间搭建便捷的通道；就业服务机构在为劳动者服务的过程中，也可利用人工智能技术提高服务的效率。

参考文献

[1] 蔡啸，黄旭美．人工智能技术会抑制制造业就业吗?：理论推演与实证检验［J］．商业研究，2019（6）：53－62.

[2] 蔡跃洲，陈楠．新技术革命下人工智能与高质量增长、高质量就业［J］．数量经济技术经济研究，2019，36（5）：3－22.

[3] 蔡自兴．中国人工智能 40 年［J］．科技导报，2016，34（15）：12－32.

[4] 蔡自兴，徐光祐．人工智能及其应用［M］．北京：清华大学出版社，1996.

[5] 曹静，周亚林．人工智能对经济的影响研究进展［J］．经济学动态，2018（1）：103－115.

[6] 曾绪宜．创造性劳动价值论［J］．探索，1994，（1）：73－78.

[7] 陈明生．人工智能发展、劳动分类与结构性失业研究［J］．经济学家，2019（10）：66－74.

[8] 陈永伟，许多．人工智能的就业影响［J］．比较，2018（2）：135－160.

[9] 陈征．论现代精神劳动［J］．当代经济研究，2004（7）：

3－8，73.

［10］程承坪．人工智能最终会完全替代就业吗［J］．上海师范大学学报（哲学社会科学版），2019（2）：88－96.

［11］邓洲，黄娅娜．人工智能发展的就业影响研究［J］．学习与探索，2019（7）：99－106，175.

［12］段海英，郭元元．人工智能的就业效应述评［J］．经济体制改革，2018（3）：187－193.

［13］段文斌．分工、报酬递增和企业制度［M］．天津：天津人民出版社，1998.

［14］冯骊．创造性劳动与劳动价值论：对马克思劳动价值公式的补充［J］．河南师范大学学报（哲学社会科学版），2008（5）：16－19.

［15］冯亮，冯明放．科技进步条件下劳动形式的划分［J］．财经科学，2015（1）：58－68.

［16］高鸿业．西方经济学（微观部分·第七版）［M］．北京：中国人民大学出版社，2020.

［17］高燕翔．企业组织结构的演化研究：基于交易费用经济学的分析［J］．山西财经大学学报，2007（3）：68－72.

［18］郭景萍．社会工作：作为一种情感劳动的探讨［J］．广东社会科学，2007（4）：166－171.

［19］集智俱乐部．科学的极致：漫谈人工智能［M］．北京：人民邮电出版社，2015.

［20］蒋南平，邹宇．人工智能与中国劳动力供给侧结构性改革［J］．四川大学学报（哲学社会科学版），2018（1）：130－138.

［21］克拉克．经济进步的条件［M］．伦敦：麦克米兰出版公司，1957.

［22］克利斯·弗里曼，罗克·苏特．工业创新经济学［M］．华红勋，华宏慈，译．北京：北京大学出版社，2004.

［23］孔高文，刘莎莎，孔东民．机器人与就业：基于行业与地区异质性的探索性分析［J］．中国工业经济，2020（8）：80－98.

［24］库兹涅佐夫，沃尔奇凯维奇，萨姆恰洛夫．生产过程自动化［M］．魏鹏霄，译．北京：机械工业出版社，1983.

［25］李德毅．人工智能导论［M］．北京：中国科学技术出版社，2018.

［26］李华，许晶．我国劳动者素质现状、评价及其对策［J］．中国科技论坛，2012（10）：85－91.

［27］李开复，王咏刚．人工智能［M］．北京：文化发展出版社，2017.

［28］李磊，徐大策．机器人能否提升企业劳动生产率?：机制与事实［J］．产业经济研究，2020（3）：127－142.

［29］李佩源．贸易方式、生产组织形式与政府补贴［J］．国际经贸探索，2015，31（7）：52－63.

［30］李晓华．哪些工作岗位会被人工智能替代［J］．人民论坛，

2018（2）：33－35.

［31］李彦宏，等．智能革命：迎接人工智能时代的社会、经济与文化变革［M］. 北京：中信出版社，2017.

［32］李悦．产业经济学［M］. 2 版．北京：中国人民大学出版社，2004.

［33］林崇德，杨治良，黄希庭．心理学大辞典［M］. 上海：上海教育出版社，2003.

［34］刘刚．生产组织方式的演变与企业和产业的竞争优势［J］. 天津行政学院学报，2005（3）：54－57.

［35］刘光远，等．人体生理信号的情感计算方法［M］. 北京：科学出版社，2014.

［36］骆耕漠．马克思的生产劳动理论［M］. 北京：经济科学出版社，1990.

［37］吕晨，曹荣林．生产组织方式对城市空间结构演进的影响［J］. 南京工业大学学报（社会科学版），2007（1）：80－84.

［38］吕林海．人类学习的研究历史、本质特征与改进努力：脑科学视角下的解析与启示［J］. 全球教育展望，2013，42（1）：45－52.

［39］吕荣杰，郝力晓．人工智能等技术对劳动力市场的影响效应研究［J］. 工业技术经济，2018，37（12）：131－137.

［40］马光秋．企业生产组织方式的演进分析［J］. 广州大学学报（社会科学版），2011（11）：45－50.

[41] 马克思．资本论 [M]．北京：人民出版社，1975.

[42] 马克思恩格斯选集（第 2 卷）[M]．北京：人民出版社，1995.

[43] 马书琴．浅论知识经济与脑力劳动 [J]．理论前沿，2001 (5)：26-27.

[44] 马斯洛．动机与人格 [M]．北京：中国人民大学出版社，1987.

[45] 潘丹丹．人工智能的就业反极化效应研究 [J]．现代经济探讨，2019 (12)：25-31.

[46] 潘文轩．人工智能技术发展对就业的多重影响及应对措施 [J]．湖湘论坛，2018，31 (4)：145-153.

[47] 任洲鸿，刘冠军．"精神劳动"和"精神产品"的马克思主义经济学解读 [J]．东岳论丛，2008 (5)：64-69.

[48] 阮建青，张晓波，卫龙宝．不完善资本市场与生产组织形式选择：来自中国农村产业集群的证据 [J]．管理世界，2011 (8)：79-91.

[49] 舒尔茨．报酬递增的源泉 [M]．姚志勇，刘群艺，译．北京：北京大学出版社，2001.

[50] 宋涛．政治经济学教程 [M]．12 版．北京：中国人民大学出版社，2018.

[51] 宋旭光，左马华青．工业机器人投入、劳动力供给与劳动

生产率［J］. 改革，2019（9）：45－54.

［52］唐永，张衔. 人工智能会加剧资本主义失业风险吗：基于政治经济学视角的分析［J］. 财经科学，2020（6）：55－65.

［53］唐振龙. 生产组织方式变革、制造业成长与竞争优势：从工厂制到温特制［J］. 世界经济与政治论坛，2006（3）：60－65.

［54］腾讯研究院，等. 人工智能［M］. 北京：中国人民大学出版社，2017.

［55］王峰. 人工智能的情感计算如何可能［J］. 技术，2019（6）：89－100.

［56］王军，詹韵秋，王金哲. 谁更担心在人工智能时代失业?：基于就业者和消费者双重视角的实证分析［J］. 中国软科学，2021（3）：64－72.

［57］王君，张于喆，张义博，等. 人工智能等新技术进步影响就业的机理与对策［J］. 宏观经济研究，2017（10）：169－181.

［58］王立新. 心理的生物学基础［M］. 北京：北京大学医学出版社，2008.

［59］王林辉，胡晟明，董直庆. 人工智能技术会诱致劳动收入不平等吗：模型推演与分类评估［J］. 中国工业经济，2020（4）：97－115.

［60］王师勤. 劳动工具演化论［J］. 上海社会科学院学术季刊，1986（4）：51－56.

［61］王文. 数字经济时代下工业智能化促进了高质量就业吗

[J]. 经济学家，2020 (4)：89 – 98.

[62] 汪亚青，许小青. 生产组织方式主动演进：理论、趋势与策略 [J]. 西部论坛，2016，26 (6)：22 – 30.

[63] 威廉·配第. 政治算术 [M]. 陈冬野，译. 北京：商务印书馆，1960.

[64] 魏下海，曹晖，吴春秀. 生产线升级与企业内性别工资差距的收敛 [J]. 经济研究，2018，53 (2)：156 – 169.

[65] 吴清军，陈轩，王非，杨伟国. 人工智能是否会带来大规模失业?：基于电商平台人工智能技术、经济效益与就业的测算 [J]. 山东社会科学，2019 (3)：73 – 80.

[66] 钱德勒. 看得见的手：美国企业的管理革命 [M]. 北京：商务印书馆，1987.

[67] 肖涵，葛伟. 普遍基本收入：回应人工智能挑战的政策选择 [J]. 江苏行政学院学报，2020 (2)：111 – 117.

[68] 谢萌萌，夏炎，潘教峰，等. 人工智能、技术进步与低技能就业：基于中国制造业企业的实证研究 [J]. 中国管理科学，2020，28 (12)：54 – 66.

[69] 闫雪凌，朱博楷，马超. 工业机器人使用与制造业就业：来自中国的证据 [J]. 统计研究，2020，37 (1)：74 – 87.

[70] 杨虎涛. 人工智能、奇点时代与中国机遇 [J]. 财经问题研究，2018 (12)：12 – 20.

［71］杨伟国，邱子童，吴清军．人工智能应用的就业效应研究综述［J］．中国人口科学，2018（5）：109－119，128.

［72］野中郁次郎，竹内广隆．创造知识的公司［M］．北京：人民邮电出版社，2019.

［73］岳昌君．人工智能对教育和就业的影响［J］．教育经济评论，2018，3（2）：3－8.

［74］张慧，杨杨．技术进步、需求异化与生产组织方式的变迁：汽车工业生产方式三次变革的启示［J］．河南商业高等专科学校学报，2007（1）：1－6.

［75］张建映．人类需求在社会发展中的作用［J］．河北工程技术职业学院学报，2002（4）：3－7.

［76］张鹏程，廖建桥，杜旌．脑力劳动测量模型研究［J］．科学学研究，2003（5）：519－523.

［77］张于喆．人工智能、机器人的就业效应及对策建议［J］．科学管理研究，2019（1）：43－45.

［78］张志永．科学发现和技术发明研究［J］．南昌大学学报（人社版），2000（1）：12－17.

［79］赵卫．精神劳动及其价值问题刍议［J］．西北师大学报（社会科学版），1996（1）：1－6.

［80］赵鑫，熊川武．教师情感劳动的教育意蕴和优化策略［J］．教育研究与实验，2012（5）：17－21.

［81］ 智溢．生产组织方式研究［J］. 车间管理，2005（3）：21－25.

［82］ 中国电子技术标准化研究院．人工智能标准化白皮书（2018）［R/OL］．［2021－05－30］. http：//www. cesi. cn/20180 1/3545. html.

［83］ 周茂清．国外企业组织结构的演变、发展趋势及我国企业组织结构的变革［J］. 南京社会科学，2000（S2）：30－33.

［84］ 朱琪，刘红英．人工智能技术变革的收入分配效应研究：前沿进展与综述［J］. 中国人口科学，2020（2）：111－125，128.

［85］ 朱祝武．人工智能发展综述［J］. 中国西部科技，2011，10（17）：8－10.

［86］ ABBOTT R，BOGENSCHNEIDER B. Should robots pay taxes? tax policy in the age of automation［J］. Harvard law and policy review，2018.

［87］ ACEMOGLU D，AUTOR D H. Skills，tasks and technologies：implication for employment and earnings［J］. Handbook of labor economics，2011，4（B）：1043－1171.

［88］ ACEMOGLU D，RESTREPO P. Robots and jobs：evidence from US labor market［R］. NBER working paper，2017.

［89］ ACEMOGLU D，RESTREPO P. The race between man and machine：implications of technology for growth，factor shares，and employment［J］. American economic review，2018，108（6）：1488－1542.

［90］ ALCHIAN A A，DEMSETZ H. Production，information costs，and economic organization［J］. The American economic review，1972，62

(5): 777 - 795.

[91] AMIDON D M. Innovation strategy for the knowledge economy: the ken awakening [M]. Boston: Butterworth - Heinemann, 1997.

[92] ARNTZ M, GREGORY T, ZIERAHN U. The risk of automation for jobs in OECD countries: a comparative analysis [R]. OECD social employment and migration working paper, 2016.

[93] AUTOR D H. The "task approach" to labor markets: an overview [J]. Journal for labour market research, 2013, 46 (3): 185 - 199.

[94] AUTOR D H. Why are there still so many jobs? the history and future of workplace automation [J]. The journal of economic perspectives, 2015, 29 (3): 3 - 30.

[95] AUTOR D H, KATZ F, KEARNEY S. The polarization of the US labor market [J]. American economic review, 2006, 96 (2): 189 - 194.

[96] AUTOR D H, LEVY F, MUMANE R J. The skill content of recent technological change: an empirical exploration [J]. The quarterly journal of economics, 2003, 118 (4): 1279 - 1333.

[97] BERRIMAN R, HAWKSWORTH J. Will robots steal our jobs? the potential impact of automation on the UK and other major economies [J]. UK economic outlook, 2017 (3): 30 - 47.

[98] BESSEN J. How computer automation affects occupations: technology, jobs, and skills [D]. Boston University School of Law, 2015.

[99] BESSEN J. AI and jobs: the role of demand [D]. NBER working paper, 2018.

[100] BORGHANS L, WELL B, WEINBERG B A. People skills and the labor - market outcomes of underrepresented groups [J]. ILR review, 2014, 67 (2): 287 - 334.

[101] BOWLES J. The computerisation of European jobs [J]. Bruegel, Brussels, 2014.

[102] BRYNJOLFSSON E, MCAFEE A. The Big Data Boom is the innovation story of our time [J]. The atlantic, 2011 (11): 1 - 5.

[103] BRYNJOLFSSON E, MITCHELL T, ROCK D. What can machines learn, and what does it mean for occupations and the economy [J]. AEA Papers and Proceedings, 2018, 108: 43 - 47.

[104] CHUI M, MANYIKA J, MIREMADI M. Four fundamentals of workplace automation [J]. McKinsey quarterly, 2015, 29 (3): 1 - 9.

[105] DANIEL B. Automation and employment: the case of South Africa [J]. African journal of science, technology, innovation and eevelopment, 2018, 10 (4): 507 - 517.

[106] DAVID B. Computer technology and probable job destructions in Japan: an evaluation [J]. Journal of the Japanese and International economies, 2017, 43: 77 - 87.

[107] DEMING D J. The growing importance of social skills in the labor

market [J]. The quarterly journal of eonomics, 2017, 132 (4): 1593 –1640.

[108] ERNST E, MEROLA R , SAMAAN D . The economics of artificial intelligence: implications for the future of work [D]. ILO future of work research paper, 2018.

[109] FISHER A. The clash of progress and security [M]. London: Macmillan & Co. Ltd, 1935.

[110] FREY C B, OSBORNE M A. The future of employment: how susceptible are jobs to computerisation? [J]. Technological forecasting and social change, 2017, 114: 254 –280.

[111] GOOS M, MANNING M A. Lousy and lovely jobs: the rising polarization of work in Britain [J]. Review of economics and statistics, 2007, 89 (1): 118 –133.

[112] GRAETZ G, MICHAELS G. Robots at work: the impact on productivity and jobs [D]. Centre for economic performance discussion paper, 2015.

[113] GUERREIRO J, REBELO S , TELES P. Should robots be taxed? [D]. NBER working papers, 2017.

[114] GUIMARAES L, GIL P. Explaining the labor share: automation vs labor market institutions [D]. MPRA paper, No. 2062, 2019.

[115] HE C. National knowledge innovation system: evolution, definition and indicators [J]. Bulletin of the Chinese academy of sciences,

1999, 13 (14): 244 -247 .

[116] HEMOUS D, OLSEN M. The rise of the machines: automation, horizontal innovation and income inequality [D]. CEPR discussion paper, 2014.

[117] LBARRA I A, GOFF L, HERNÁNDEZ D J, et al. Should we treat data as labor? moving beyond "Free"[J]. American economic association papers and proceedings, 2017, 108 (1): 38 -42.

[118] JARRAHI M H. Artificial intelligence and the future of work: human - AI symbiosis in organizational decision making [J]. Business horizons, 2018, 61 (4): 577 -586.

[119] JERBASHIAN V. Automation and job polarization: on the decline of middling occupations in Europe [D]. CERGE -EI working paper, 2016.

[120] LAGRANDEUR K, HUGHES J. Intelligent technology and the transformation of human work [M]. Palgrave Macmillan, cham, 2017.

[121] MANYIKA J, CHUI M, MIREMADI M, et al. A future that works: automation, employment, and productivity [R]. McKinsey Global Institute, 2017.

[122] MASAYUKI M. Who are afraid of losing their jobs to artificial intelligence and robots? evidence from a survey [D]. GLO discussion paper, 2017.

[123] MCCARTHY J, MINSKY M L, ROCHESTER N, et al. A proposal for the Dartmouth summer research project on artificial intelligence

[J]. Journal of molecular biology, 2006, 278 (1): 279 - 289.

[124] MICHAELS G, NATRAJ A, Reenen J V. Has ICT polarized skill demand? evidence from eleven countries over twenty - five years [J]. Review of economics and statistics, 2014, 96 (1): 60 - 77.

[125] MOKYR J, VICKERS C, ZIEBARTH L. The history of technological anxiety and the future of economic growth: is this time different? [J]. Journal of economic perspectives, 2015 (3): 31 - 50.

[126] MUMFORD M D. Social innovation: ten cases from Benjamin Franklin [J]. Creativity research journal, 2002, 14 (2): 253 - 266.

[127] NILSSON N J. Artificial intelligence: a new synthesis [M]. Los Angeles: Morgan Kaufmann Publishers Inc, 1998.

[128] OSBURG T. Social innovation to drive corporate sustainability [M]//Social innovation. Berlin, Heidelberg: Springer, 2013: 13 - 22.

[129] OSCHINSKI M, WYONCH R. Future shock? the impact of automation on Canada's labour market [R]. C. D. Howe Institute Commentary, 2017.

[130] PAJARINEN M, ROUVINEN P. Computerization threatens one third of finnish employment [J]. Etla muistio brief, 2014, 32 (2): 36 - 42.

[131] SCHALKOFF R J. Artificial intelligence: an engineering approach [M]. New York: McGraw Hill Education, 1990.

[132] SCHUMPETER J A. The theory of economic development [M].

Cambridge, MA: Harvard University Press, 1934.

[133] TRAJTENBERG M. AI as the next GPT: a political – economy perspective [J]. National bureau of economic research, 2018.

[134] UPADHYAY A K, KHANDELWAL K. Artificial intelligence: based training learning from application [J]. Development and learning in organizations, 2019, 33 (2): 20 – 23.